환난에도 믿음으로 승리하도록 리딩한다

8확신으로 이겼다

안창천

우리하나

추천의 글

기독교는 '예수 그리스도'와 '믿음'을 제외하고는 설명할 수 없다. 수천 년의 기독교 역사 속에서 성도들은 크고 작은 어려움을 만났고, 그 모든 어려움을 능히 이겨냈다. 무엇이 그들로 하여금 시련을 이기게 했는가? 그 열쇠는 바로 믿음에 있다.

기독교 신앙은 믿음에서 출발해서 믿음으로 마친다고 해도 과언이 아니다. 그리고 이 믿음은 허상이 아니라, 예수 그리스도를 통해 우리에게 실재가 된 믿음이다. 모든 그리스도인은 바라는 것들의 실상과 보이지 않는 것들의 증거(히 11:1)를 가지고 살아가는 사람들이다. 그리고 이런 사람들의 믿음은 환난 속에서도 오히려 더욱 견고해진다(롬 4:20).

안창천 목사님이 쓴 이 책은 우리가 소유해야 할 믿음이 어떤 것인지를 쉽고 친절하게 알려준다. 죄 사함의 확신으로 출발한 우리의 믿음은 마침내 상 주심의 확신으로 열매 맺게 된다. 이 책은 몇 가지 유익을 우리에게 제공한다.

    우리는 이 책을 통해 첫째, 신앙의 기초를 굳건히 할 수 있다. 저자는 죄 사함부터 상 주심에 이르기까지 믿음의 여정의 A to Z를 통해 신앙을 잘 정리할 수 있도록 내용을 구성해 두었다.

    둘째, 어떤 어려움과 환난 속에서도 확신을 가질 수 있다. 사람은 환경의 동물이다. 그러나 믿음은 그 모든 환경을 새롭게 해석하게 만든다. 그러므로 성도는 고난 중에도 소망과 위로를 발견하게 된다.

셋째, 성도다운 성도로 이 세상을 살아갈 수 있다. 세상을 치유하고 변화시키는 사람은 이 믿음에 굳게 선 성도다. 진정한 믿음의 사람들이 나타나게 될 때 세상은 하나님의 살아계심을 보게 된다.

한국 사회는 코로나 판데믹이라는 유례없는 두려움에 휩싸여 있다. 그러나 두려움과 시험은 때마다 모양을 달리하여 우리에게 찾아왔고, 또 찾아오게 될 것이다. 그러므로 우리에게 정말 중요한 것은 예수 그리스도를 바라보며 각자의 믿음을 끝까지 지켜내는 것이다.

우리 모두는 이미 예수 그리스도를 통해 이긴 자이다. 아무쪼록 이 책을 읽는 모든 독자들이 개인, 사회, 공동체의 크고 작은 어려움 속에서도 성령의 위로와 응원을 통해 믿음의 큰 날갯짓으로 비상하기를 소망한다.

주후 2020년 10월 12일

도원욱

추천의 글

　코로나19로 한 번도 경험해 보지 못한 일들을 겪으면서 힘들고 어려운 터널을 통과하고 있다. 특별히 정부의 방역정책에 종교계의 협력을 끌어내야 할 주무부서의 책임자로서, 그리고 그리스도인의 한 사람으로서 이런 상황에서 어떻게 대처해야 할지를 주님께 간구하고 있다.

　코로나19가 그리스도인에게 주는 메시지는 다양하게 해석할 수 있다. 그런데 지금껏 경험하지 못한 전혀 다른 세상이 도래할 것에 대한 시그날로 보아야 한다는 주장이 설득력을 얻고 있다. 이미 코로나19로 자유롭게 드리던 예배를 비대면으로 드리고 있지 아니한가? 따라서 곧 불어닥칠 환난 시대를 준비하지 않으면 안 된다.

금번에 출간된 안창천 목사님의 〈8확신으로 이겼다〉는 매우 시의적절하다. 저자는 코로나19를 환난의 시작을 알리는 신호탄으로 보고 환난 시대에 승리하기 위해서는 8가지 확신, 즉 죄 사함의 확신, 구원의 확신, 승리의 확신, 기도 응답의 확신, 인도의 확신, 임마누엘의 확신, 주 사랑의 확신, 상 주심의 확신 등으로 무장해야 한다고 주장한다.

본서가 나에게 크게 와닿은 것은 크게 두 가지 이유다.
첫째로, 말씀 위에 세워진 믿음을 가져야 환난에서 승리할 수 있다는 것이다. 그렇다. 믿음은 하나님의 말씀과 불가분의 관계이므로 말씀에 기초하지 않은 믿음은 사상누각에 불과하다 (롬 10:17). 말씀보다 개인의 생각이나 체험을 앞세우는 신앙은 환난을 견딜 수 없다.

둘째로, 8확신으로 날갯짓하면 믿음의 항상성을 유지하게 되어 믿음으로 승리한다는 것이다. 믿음은 그리스도인의 존재 방식이므로 항상 믿음을 유지해야 한다. 믿음은 미래가 아니라 현재이고, 명사가 아니라 동사여야 한다.

대학교 학창 시절, 안창천 목사님의 믿음은 매우 열정적이고 도전적이었다. 〈8확신으로 이겼다〉를 읽으며 43년 전 그의 믿음을 다시 보는 것 같아 감회가 새롭다. 그의 믿음이 글로 표현되어 많은 사람에게 도전과 위로가 될 것을 생각하니 기쁜 마음을 금할 수 없다.

예수께서 이기셨기 때문에 우리도 이길 수 있다. 〈8확신으로 이겼다〉를 통하여 믿음으로 세상을 이기고 면류관 쓰는 분들이 많이 나오게 되기를 간절히 기도한다.

주후 2020년 가을에

박양우

프롤로그

8확신으로 날갯짓하면 환난에도 승리할 수 있다

그리스도인은 믿음으로 살아가야 한다. 믿음은 신앙의 기초이고 그리스도인의 삶의 방식이다(롬 1:17). 그런데 실제로 믿음으로 살아가는 사람을 만나기란 쉽지 않다. 젊은 시절 대형교회에서 성도들을 상담하면서 그들의 믿음이 롤러코스터처럼 오르락내리락하는 것을 보고서 적잖게 충격을 받았다. 그들의 신앙생활이 이렇다는 것은 믿음으로 살지 않는다는 것이고, 믿음으로 살지 않는 것은 영적으로 매우 위험한 상태라는 것을 뜻한다.

필자는 이런 현상을 심각하게 받아들이고 주님께 오랫동안 해결 방법을 구하며 연구하던 중, 성도들의 믿음이 흔들리지 않도록 훈련하는 법을 발견하게 되었고 이를 양육교재로 펴낸 것이 〈파워8확신〉(우리하나, 2008)이다.

그런데 〈파워8확신〉은 제자훈련시스템인 'D3전도중심 제자훈련'의 양육과정에서 사용되는 교재이므로 이를 적용하지 않는 교회의 성도들은 전혀 도움을 받을 수 없었다. 그래서 〈파워8확신〉으로 양육받지 않는 성도들도 견고한 신앙생활을 하도록 돕기 위하여 본서를 출간한 것이다.

본서는 8가지 확신을 소개한다. 8은 수(數) 신학적으로 크게 두 가지 의미를 지닌다. 하나는 구원을 뜻한다. 홍수 심판에서 하나님의 은혜로 구원받은 노아 가족은 8명이다. 다른 하나는 삼위 하나님의 완전수 3과 은혜의 수 5의 합으로 부활을 상징한다. 예수께서 부활하신 날은 7일째 안식일이 지난 첫날, 즉 8일째이다.

그런데 본서에서는 이런 의미보다는 다른 의미로 사용했다. 8은 수 신학적으로 '신적 충만, 만족, 완전'을 뜻하는 7보다 1이 더 많기 때문에 '넘치는 확신'의 의미로 사용했다. 따라서 8확신을 가지면 어떤 상황에서도 믿음으로 승리할 수 있다.

코로나19로 전혀 경험하지 못한 세상에서 살아가고 있다.

그런데 코로나19가 그리스도인에게 주는 메시지가 있다. 본격화될 환난에 대비하여 강한 믿음을 갖도록 훈련하라는 것이다. 지금 견고한 믿음을 가지도록 훈련하지 않으면 환난 날에 결코 승리할 수 없다(렘 12:5). 천국은 이 세상에서 믿음으로 사는 자가 들어가는 곳이다.

초대교회의 성도들이 혹독한 박해 가운데서도 담대히 복음을 전할 수 있었던 것은 사도들이 날마다 예수는 그리스도라고 가르치고 전도하도록 훈련하므로(행 5:42) 돈이 구원자가 아니라 예수께서 구원자이심을 깨달았기 때문이다.

예수께서 그리스도이심을 굳게 믿지 않으면 세상을 이길 수 없다(요일 5:4-5). 말씀 위에 세운 믿음을 가져야 모든 환난과 시험을 이길 수 있다. 필자도 8확신을 개발하여 믿음으로 살기 때문에 지금껏 당한 모든 환난과 시험을 이겼다.

새가 지속적으로 날갯짓해야 날 수 있듯이, 8확신으로 날마다 날갯짓하면 환난에도 믿음으로 승리할 수 있다. "… 세상에서는 너희가 환난을 당하나 담대하라 내가 세상을 이기었노라"(요 16:33).

본서가 장차 본격화될 환난 시대에 어떻게 해야 믿음으로 승리할 수 있을지를 고민하는 분들에게 희망의 작은 빛줄기가 되기를 기도드린다.

2020년 10월 10일

안창천

차 례

8확신으로 이겼다

추천의글 도원욱 목사(한성교회)

박양우 장관(문화체육관광부)

프롤로그 8확신으로 날갯짓하면 환난에도 승리할 수 있다

01장 죄 사함의 확신으로 살아가다   17

왜 모든 사람이 죄인인가? | 왜 예수님만 죄 문제를 해결하실 수 있는가? | 왜 선행으로는 죄 사함을 받을 수 없는가? | 모든 죄를 사함받은 확신이 있는가? | 죄 사함을 받은 후, 죄를 범하면 어떻게 되는가? | 죄 사함을 받은 자는 이렇게 살아야 한다

02장 구원의 확신으로 살아가다   53

전통적 구원론이 공격받고 있다 | 왜 구원의 확신이 흔들리는가? | 위치적 구원의 확신이 있는가? | 현재적 구원을 경험하고 있는가? | 종말적 구원을 소망하고 있는가? | 진짜 구원받았다면 전도자가 되어야 한다

03장 승리의 확신으로 살아가다   79

왜 영적 전쟁이 불가피한가? | 무엇으로 영적 전쟁의 승패를 알 수 있는가? | 영적 전쟁에서 이기려면 지피지기해야 한다 | 영적 전쟁에서 승리하려면 무기를 잘 다뤄야 한다 | 세 가지를 주의해야 영적 전쟁에서 승리할 수 있다 | 왜 마귀의 공격을 두려워하지 않아도 되는가?

04장 기도 응답의 확신으로 살아가다   113

기도의 정의를 새롭게 추가하다 | 왜 기도하지 않는 사람들이 많을까? | 기도 응답의 노하우를 알고 싶은가? | 기도 응답의 훼방꾼을 제거해야 한다 | 기도 응답의 확신을 유지하고 있는가?

05장 인도의 확신으로 살아가다   143

왜 주님의 인도를 받아야 하는가? | 주님의 인도를 받으려면 어떻게 해야 하는가? | 주님께서는 무엇을 통하여 인도하시는가? | 출애굽 여정을 통하여 주님의 인도 방법을 배우다 | 주님의 인도를 받으면 다윗처럼 살아갈 수 있다

06장 임마누엘의 확신으로 살아가다 187

예수의 다른 이름, 임마누엘을 추적하다 | 하나님께서 함께하시면 새로운 삶을 살아간다 | 어떻게 하면 임마누엘의 삶을 살아갈 수 있는가? | 임마누엘의 삶을 타인에게 보여주어야 한다 | 임마누엘과 주님과의 동행은 이음동의어다

07장 주 사랑의 확신으로 살아가다 223

왜 하나님을 사랑이시라고 하는가? | 왜 주님의 사랑을 의심하지 않아도 되는가? | 주 사랑을 확신하면 모든 환난과 시험을 이길 수 있다 | 주 사랑을 확신하면 지상 명령에 순종해야 한다 | 주 사랑의 음성을 듣고 있는가?

08장 상 주심의 확신으로 살아가다 249

상 주심을 확신하고 있는가? | 천국의 상은 무엇으로 결정되는가? | 자신과 싸워서 승리해야 천국의 상을 받을 수 있다 | 상 주심을 확신하면 주의 재림을 준비해야 한다 | 무엇을 인생의 최종 목표로 삼고 달려가는가?

에필로그 환난에도 믿음으로 세상을 이기는 사람을 만나고 싶다

01장
죄 사함의 확신으로 살아가다

1. 왜 모든 사람이 죄인인가?

사람은 누구나 자신이 죄인이라는 말을 듣기 싫어한다. 그리고 죄인이 되는 것을 원치 않는다. 그런데 성경은 모든 사람이 죄인이라고 선언하고 있다. "그러면 어떠하냐 우리는 나으냐 결코 아니라 유대인이나 헬라인이나 다 죄 아래에 있다고 우리가 이미 선언하였느니라 기록된 바 의인은 없나니 하나도 없으며 깨닫는 자도 없고 하나님을 찾는 자도 없고 다 치우쳐 함께 무익하게 되고 선을 행하는 자는 없나니 하나도 없도다"(롬 3:9-12, 참조 전 7:20; 롬 5:12).

- **내가 왜 죄인이지?**

성경은 왜 이렇게 모든 사람을 죄인이라고 선언하는가? 바울은 그 이유를 다음과 같이 밝힌다. "그러므로 한 사람으로 말미암아 죄가 세상에 들어오고 죄로 말미암아 사망이 들어왔나니 이와 같이 모든 사람이 죄를 지었으므로 사망이 모든 사람에게 이르렀느니라"(롬 5:12). 여기서 한 사람은 아담을 뜻한다. 첫 사람 아담이 하나님께서 금하신 선악과를 먹음으로 죄인이 되었는데 모든 사람이 그의 후손으로 태어나기 때문에 모든 사람이 죄인이라는 것이다.

그런데 복음을 전할 때나 새신자를 양육할 때 첫 사람 아담의 범죄로 모든 사람이 죄인이 되었다고 말하면 상당수가 이렇게 반문한다. "아담이 선악과를 먹어 죄인이 된 것이 나와 무슨 상관이 있는가?" 그들이 이렇게 말하는 것은 어찌 보면 당연한 일이다. 왜냐하면 지금까지 죄를 지어야 죄인이 된다고 생각하고 있었는데 성경은 아담의 후손이라는 이유로 죄인이라고 주장하기 때문이다.

따라서 아담이 선악과를 먹은 것과 모든 사람이 죄인이 되는 것의 상관관계를 자세히 설명해야 한다. 이를 가장 간단하게 설명하는 방법은 '대표성의 원리'를 사용하는 것이다. 이는 대표자의 행위가 그가 속한 공동체 모두에게 영향을 미친다는 뜻이다. 예를 들어보자. 만일 우리나라가 일본과의 축구 경기에서 이기면 기분이 좋을 것이고, 반대로 지면 기분이 나쁠 것이다. 왜 본인이 경기한 것이 아닌데, 기분이 좋기도 하고 나쁘기도 하는가? 그것은 대표팀이 크게는 국가를 대표하고, 작게는 국민 한 사람 한 사람을 대표하기 때문이다.

그런데 대표성의 원리로 상대방을 죄인이라고 설득해도 자신은 죄인이라고 인정하지 않는 경우가 종종 있다. 이런 사람을 위해서는 또 다른 방법을 시도해야 한다. 그것은 요한일서 1장 8절을 사용하는 것이다. "만일 우리가 죄가 없다고 말하면 스스로 속이고 또 진리가 우리 속에 있지 아니할 것이요." 무슨 말씀인가? 한마디로 자신이 죄인이 아니라고 하는 것은 거짓이라는 것이다. 이 말씀에 근거하여 다음과 같은 질문을 던진다. "누구나 성경은 고전 중의 고전이라고 말합니다. 그런데 성경이 선생님을 죄인이라고 주장하는 것이 맞다고 생각하십니까? 아니면 선생님 스스로 죄인이 아니라고 주장하는 것이 맞다고 생각하십니까?" 이

질문에 후자가 맞다고 대답하는 사람은 한 사람도 없다.

　이렇게 '대표성의 원리'와 '요한일서 1장 8절'로 설득하면 대부분은 자신이 죄인임을 인정한다. 그러나 죄인이라고 고백하고 죄를 회개하며 예수님을 영접하는 사람은 그리 많지 않다. 왜 그럴까? 설득의 두 가지 방법이 모두 성경에 근거를 두고 있는데 상대방이 아직 성경을 하나님의 말씀으로 믿지 않을뿐더러 피부에 와닿지 않기 때문이다. 즉 머리로는 이해하는데 마음이 열리지 않기 때문이다.

　필자는 이 문제를 갖고 씨름했지만 별다른 해결방법을 찾지 못하고 있었다. 그러던 중 전도현장에서 발생한 사건을 통하여 죄인임을 시인하도록 하는 데 매우 유용한 방법을 발견할 수 있었다. 젊은 시절 제자들과 함께 매주 토요일 오후에 서울 잠실의 새마을 시장에서 외침 전도를 했다. 당시 전했던 메시지는 대부분 복음 전도자들이 주장하는 내용과 흡사하였다. "모든 사람은 죄인입니다. 죄의 삯은 사망이기 때문에 사람은 누구나 한 번은 반드시 죽습니다. 그러나 죽는 것으로 끝이 아니라 죽은 후 심판을 받고 지옥에 던져져 영원히 고통을 당해야 합니다. 그러나 예수께서 우리의 죄를 대신하여 십자가에 못 박혀 죽으시고 부활하신 사실, 즉 복음을 믿으면 죄 사함을 받고 구원받을 수 있습니다."

　평소에는 이렇게 복음을 외치면 대부분 쳐다보고 그냥 지나갈 뿐, 대적하는 자는 하나도 없었다. 그런데 어느 날 뜻밖의 사건이 벌어졌다. 필자의 메시지를 듣고 있던 50대 중반의 남자가 앞으로 다가오더니 이렇게 외쳤다. "야 XX야, 내가 왜 죄인이냐?" 갑자기 분위기가 살벌해지고 길 가던 사람들의 시선이 필자를 향하였다. 살면서 한 번도 경험하지 못한 일을 당했기에 순간적으로 당황하지 않을 수 없었다. 그런데 필자는 뜻밖의 일을 경험하면 언제나 하나님께 묻는 습관이 있었기 때문에 다음과 같이 기도했다. "주님! 날아가는 참새도 하나님께서 허락하시지 않으면 떨어지지 않는데 왜 제게 이런 일을 허락하셨습니까?"

주님께서 전혀 뜻밖의 말씀을 하셨다. "너는 최고의 상품을 파는 자인데, 소비자의 요구가 무엇인지를 알려고 하지 않았다." 무슨 말씀인가? 복음은 영생을 얻게 하는 최고의 명약인데, 이를 어떻게 전해야 비신자들이 마음을 열고 받아들일지에 대하여는 연구하지 않고 일방적으로 복음을 전했다고 책망하신 것이다. 이 음성을 듣고 한동안 펑펑 울었다. 왜냐하면 복음을 전하다가 욕을 먹은 것은 주님을 위하여 핍박을 받은 것이기에 칭찬받을 줄 알았는데 도리어 책망을 받았기 때문이다. 그러나 곧 감사의 기도를 드렸다. 왜냐하면 비신자의 눈높이에서 전도하는 방법을 연구하는 전환점이 되었기 때문이다.

■ **어떻게 하면 상대방을 죄인으로 설득할 수 있을까?**

복음이란 예수께서 우리의 죄를 대신하여 십자가에 못 박혀 죽으시고 부활하셨다는 사실이다. 이를 믿지 않으면 어느 누구도 구원받을 수 없다. 그런데 성경에서 말하는 구원은 죄에서 건짐을 받는 것이기 때문에 자신이 죄인인 것을 모르는 자에게 예수께서 자신의 죄를 대신하여 십자가에 못 박혀 죽으시고 부활하셨다는 것은 기쁜 소식이 될 수 없다. 예수께서 "건강한 자에게는 의사가 쓸 데 없고 병든 자에게라야 쓸 데 있으니라"(마 9:12)라고 말씀하신 것도 바로 이 때문이다. 따라서 누군가에게 복음을 전하기 전에는 그가 먼저 죄인임을 깨닫도록 설득해야 한다.

필자는 어떻게 해야 자신이 죄인이라고 깨닫고 예수님을 영접하게 할 수 있을지를 두고 기도하며 방법을 모색했다. 성경에서 죄인들에게 나타나는 증상들을 모아서 이를 4가지로 분류했는데, 그것이 두려움, 미움, 고통, 죽음이다. 4가지 증상은 모든 사람에게 공통적으로 나타난다. 한 사람도 이런 증상에서 제외된 자는 없다. 따라서 네 가지 증상으로 설득하면 죄인임을 인정하고 죄에서 건짐을 받아야 할 필요성을 깨달아 예수님을 영접하게 된다.

필자가 죄인의 4가지 증상을 이용하여 복음을 전할 수 있도록 만든 것이 있는데, 그것이 3분복음메시지이다. 현재 수십 개국의 언어로 번역되어 전 세계적으로 사용되고 있다. 3분복음메시지를 암송하고 복음을 전하자 국내외적으로 놀라운 일들이 일어나고 있다. 평소 전도하지 않던 목회자들이 복음을 전하고 있고, 전도하려고 해도 두려울 뿐 아니라 무슨 말을 해야 할지를 몰라서 행동에 옮기지 못하던 평신도들이 담대히 복음을 전하고 있고, 심지어 공개적으로 복음을 전할 수 없는 이슬람국가와 사회주의 국가 등에서도 3분복음메시지를 통해 구원받는 자들이 생겨나고 있다. 3분복음메시지를 암송하여 복음을 전하면 이전과는 비교되지 않을 정도로 풍성한 전도 열매를 맺을 수 있다.

지면 관계상 3분복음메시지에서 죄인의 4가지 증상을 사용하여 상대방을 죄인으로 설득하고 죄 문제를 해결하지 않으면 지옥에 던져져서 영원히 고통을 당한다고 이야기한 부분까지만 소개한다(자세한 내용은 www.d3.or.kr의 '평신도훈련원'에서 다운로드를 받을 수 있다).

"혹시 복음이라는 말을 들어보셨습니까? 복음이란 예수께서 우리의 죄를 대신하여 십자가에 못 박혀 죽으시고 부활하셨다는 것입니다. 누구든지 이 복음을 믿으면 구원을 받을 수 있습니다. 그러나 복음을 믿기 위해서는 먼저 자신이 죄인임을 깨달아야 합니다. 성경은 모든 사람이 죄인이라고 말씀하고 있습니다. 왜 그럴까요? 첫 사람 아담이 하나님께서 금하신 선악과를 먹음으로 죄를 범했는데, 모든 사람이 그의 후손으로 태어났기 때문입니다. 지금까지 자신을 죄인이라고 생각하지 않았는데, 갑자기 죄인이라고 인정하는 것은 쉽지 않을 것입니다.

그러나 다음의 4가지 사실이 OOO님과 무관하지 않다면 죄인이라고 시인해야 합니다.

첫째로, 두려움은 죄의 결과이므로 OOO님에게 두려움이 있다면 OOO님 역시 죄인입니다.

둘째로, 미움도 죄의 결과이므로 OOO님이 누군가를 미워하고 있다면 OOO님 역시 죄인입니다.

셋째로, 고통도 죄의 결과이므로 OOO님에게 고통이 있다면 OOO님 역시 죄인입니다.

넷째로, 죽음도 죄의 결과인데 OOO님도 죽음을 맞이하게 되므로 OOO님 역시 죄인입니다.

그러나 죄인은 두려움과 죄와 고통 가운데 살다가 죽는 것으로 끝이 아닙니다. 죽은 후에는 반드시 심판을 받아 지옥에 던져져야 합니다. 지옥이 어떤 곳인지 아십니까? 성경은 지옥을 고통이 영원한 곳으로 한 번 들어가면 결코 나올 수 없는 곳이라고 말씀하고 있습니다. 이렇게 죄로 말미암아 죽어야 하고, 죽은 후에는 심판받아 지옥에 던져져 영원히 고통을 당해야 하는 것이 모든 사람의 운명인 것입니다."

2. 왜 예수님만 죄 문제를 해결하실 수 있는가?

앞서 살펴본 대로 모든 사람은 아담의 후손으로 죄인이기에 한 번은 죽어야 하고, 죽은 다음에는 심판을 받아 지옥에 던져져 영원히 고통을 당해야 한다. 이것이 모든 사람의 운명이다. 이런 운명에서 벗어나려면 무엇보다 죄 문제를 해결 받아야 한다. 그런데 죄 문제를 해결 받으려면 죄 없는 사람이 대신하여 죽어야 하는데 모든 사람이 죄인이기 때문에 스스로 이를 해결할 수 없다.

- **믿음의 다른 걸림돌, 예수의 동정녀 탄생**

하나님께서 이런 사실을 아시고 죄 문제를 해결하시기 위해 죄 없는 사람을 이 세상에 보내셨는데 그분이 바로 예수님이시다. 우리가 알다시피 예수께서는 마리아의 몸을 통하여 이 세상에 오셨기 때문에 우리와 같은 사람이시다. 그런데 모든 사람이 죄인이라고 하면서 왜 예수님은 죄인이 아니라고 주장하는가? 그것은 예수께서 여자의 몸에서 나셨기에 사람이시지만, 아담의 후손으로 오시지 않았기 때문이다.

모든 사람은 남녀의 성적인 결합으로 탄생하므로 아담의 후손이기에 죄인이지만, 예수께서는 아담의 후손으로 오시지 않고 성령으로 동정녀 마리아를 통해 탄생하셨기에 죄인이 아니라 의인이신 것이다. 그리고 의인으로서 우리의 죄를 대신하여 십자가에 못 박혀 죽으시고 부활하시므로 우리를 죄에서 구원하신 것이다.

그런데 인류 역사 이래 남녀의 성적인 관계없이 태어난 사람은 하나도 없기 때문에 사람들은 예수의 동정녀 탄생을 믿으려고 하지 않는다. 필자 역시 예수님을 믿기 전, 예수께서 동정녀 마리아를 통하여 탄생했다는 말을 들으면 거칠게 항의했다. 젊은 시절 현재 사랑의 교회를 담임하고 있는 오정현 목사와 자취한 적이 있는데, 어느 날 그는 예수께서 동정녀 마리아를 통하여 탄생하셨기에 의인이시므로 그분께서 우리의 죄를 대신하여 십자가에 대신 죽으시고 다시 살아나신 것을 믿으면 죄 사함을 받고 구원을 받을 수 있다며 예수님을 영접하라고 권했다.

필자는 그의 말을 듣자마자 언성을 높이며 이렇게 말했다. "지금, 그걸 나보고 믿으라는 거야?" 이처럼 예수님의 동정녀 탄생은 비신자들에게 전도를 가로막는 장애물이다. 따라서 누군가에게 복음을 전하기 위해서는 먼저 예수님의 동정녀 탄생에 대한 궁금증을 풀어주어야 한다. 예수께서 일반적인 방법, 즉 남녀의 성적인 관계가 아니라 동거하기 전에 성령으로 잉태하신 이유를 설명해야 한다. 기독교는 예수께서 십자가에 못 박혀 죽으시고 부활하심으로 우리를 죄에서 구원하셨다는 것에서 출발하는데, 예수께서 의인이 아니라면 우리를 대속하여 죽으실 수 없고, 우리는 죄에서 구원받을 수 없기 때문이다. 이를 설득하지 않은 상태에서 복음을 전하는 것은 바위에 달걀을 던지는 것이고 소중한 시간을 낭비하는 것이다.

■ **오직 예수님만 죄에서 건져주신다**

사람들은 예수님을 세계 4대 성인(예수, 석가모니, 공자, 소크라테스) 중의 한 사람 정도로 알고 있다. 그러나 이는 크게 잘못 알고 있는 것이다. 왜냐하면 예수님을 세계 4대 성인 중의 한 분이라고 생각한다는 것은 예수님도 일반 사람처럼 죄인이라는 것을 뜻하기 때문이다. 물론 석가모니, 공자, 소크라테스가 훌륭한 사람임에는 틀림이 없다. 그러나 그들 또한 죄인에 불과하다. 그들이 죽은 것은, 그들 자신의 죄 때문이지 다른 사람의 죄를 대신한 것이 아니다. 오직 예수님만 의인이시기에 우리의 죄를 대속하시기 위해 십자가에 못 박혀 죽으신 것이다.

성경은 단호하게 예수 외에는 구원자가 없다고 말씀한다.

"예수께서 이르시되 내가 곧 길이요 진리요 생명이니 나로 말미암지 않고는 아버지께로 올 자가 없느니라"(요 14:6).

"다른 이로써는 구원을 받을 수 없나니 천하 사람 중에 구원을 받을 만한 다른 이름을 우리에게 주신 일이 없음이라 하였더라"(행 4:12).

그런데 안타깝게도 예수를 통하지 않고서도 죄 사함을 받고 구원을 받을 수 있다고 주장하는 자들이 있다. 죄 사함을 받고 구원을 받는 길이 유일하냐 아니냐에 따라 구원의 유일성과 다원주의로 양분된다. 구원의 유일성은 오직 예수 그리스도를 통해서만 죄 사함을 받고 구원을 받을 수 있다고 주장하고, 구원의 다원주의는 예수 그리스도를 믿지 않고서도 죄 사함을 받고 구원받을 수 있다고 주장한다.

WCC는 구원의 유일성을 간과하고, 종교 간 우호, 갈등 종식, 협력 증진을 통한 세계평화를 표방하므로 종교 다원주의를 지향한다. 또 종교 다원주의는 구교, 신교, 유대교, 이슬람교, 힌두교, 불교, 나아가 점성술, 샤머니즘 등 모든 종교의 신은 궁극적으로 하나라고 생각하여 세계종교통합을 지향한다. 그런데 한국교회의 주요 교단 중 다수가 WCC에 가입하여 심각한 우려를 낳고 있다.

성경은 오직 예수님만이 구원에 이르는 길이라고 말씀하고 있다(요 14:6). 따라서 그 어떤 이유로도 예수 외에 죄 사함을 받고 구원받을 수 있다고 주장해서는 안 된다. 세계평화를 빙자하여 종교통합을 외치는 것은 마귀의 꼬임에 넘어간 것이다. 예수께서 인정하시지 않는 평화는 가짜다. 진짜 평화는 예수 그리스도의 피로 말미암아 하나님과 원수 관계가 해결되어야 맛볼 수 있다.

■ 왜 가톨릭은 마리아의 무죄성을 주장할까?

가톨릭은 마리아를 신격화하고 무죄설을 주장한다. 이는 A.D. 313년 콘스탄틴 황제가 자유신교령을 선포하는 등 기독교 우대정책을 펼치면서 교회 안에 들어온 모자 숭배 사상에 영향을 받아서 촉발되었다. 그 후 에베소 공의회에서 마리아를 '하나님의 어머니'(테오토코스)라고 칭하였고(431년), 교황 비오 9세는 마리아의 '무죄 잉태설'을(1854년), 교황 비오 12세는 마리아의 '부활 승천설'을(1950년), 제2차 바티칸 회의는 마리아의 '종신 처녀설'을(1962년)을 선포함으로 더욱 견고하게 되었다.

　개신교에서 마리아의 신격화를 비판하면 가톨릭은 절대 그렇지 않다고 말한다. 그런데 실제로 그들은 마리아에게 직접 기도하고 또 마리아를 통해서 기도한다. 심지어 〈신 가톨릭 백과사전〉은 "마리아는 하느님의 어머니다. … 만약 마리아가 참으로 하느님의 어머니가 아니라면, 그리스도는 참사람도 아닐 뿐 아니라 참 하느님도 아니다"라고 주장하고 있다.

　성경은 모든 사람이 죄인이라고 말씀하고 있는데 왜 그들은 '마리아의 무죄 잉태설'과 '부활 승천설'과 '종신 처녀설'을 주장하는가? 그것은 마리아를 죄인이라고 하면 그녀의 몸에서 나신 예수님을 의인이라고 할 수 없다고 생각하기 때문이다. 그런데 필자가 앞서 이 문제에 대해 어떻게 설명했는가? 어떤 사람이 의인이 되고 안 되고는 아담의 후손으로 태어나느냐 아니냐에 달린 것이지 여자에게 달린 것이 아니라는 것이다.

　예수께서는 죄인인 마리아의 몸에서 나셨어도 남녀의 성적인 결합으로 오시지 않고 성령의 능력으로 나셨기에 아담의 후손이 아니시고 의인이시다. 가톨릭은 하나님의 말씀을 잘못 가르친 죄가 얼마나 무서운지를 깨닫고 지금까지 성경을 입맛대로 해석하고 가르치던 일을 회개하고 중단해야 한다.

　참고로 혹자는 예수께서 죄인인 마리아의 몸을 통해서 나셨지만, 죄인이 아니고 의인이신 것은 마리아가 성령 충만한 가운데서 예수님을 낳았기 때문이라고 주장한다. 물론 마리아가 성령으로 예수님을 잉태하셨기에 성령 충만한 가운데서 예수님을 낳으신 것은 분명하다. 그러나 예수께서 의인이신 이유를 마리아가 성령 충만한 상태에서 낳으셨기 때문이라고 주장하면 안 되는 이유가 있다. 만일 그렇게 주장하면 누군가가 성령 충만한 상태에서 자녀를 낳을 경우, 그도 의인이라는 결론에 도달하기 때문이다. 어떤 사람이 죄인이냐 아니냐를 판단하는 기준은 아담의 후손인가 아닌가이지, 다른 요소는 전혀 없음을 알아야 한다.

3. 왜 선행으로는 죄 사함을 받을 수 없는가?

죄 문제를 해결하는 방법에 대하여는 크게 두 가지 이론이 대립하고 있다. 하나는 스스로 노력해서 죄 사함을 받을 수 있다는 주장과 다른 하나는 자기 스스로 할 수 없고 외부의 도움을 받아야 가능하다는 주장이다. 타 종교는 모두 자력으로 죄 문제를 해결할 수 있다고 주장하지만, 기독교는 자력으로는 불가하고 타력으로만 가능하다고 주장한다. 왜 그런가?

■ 죄인은 스스로 죄 문제를 해결할 수 없다

맹자는 성선설을 주장하고, 순자는 성악설을 주장한다. 그런데 성경은 모든 사람은 아담의 후손이므로 죄인이라고 말씀하고 있듯이 성악설을 지지한다. 이런 사실은 부모가 자녀에게 악한 것을 가르치지 않는데도 자녀들은 악을 행하는 것을 통하여 알 수 있다.

그런데 필자가 왜 성악설과 성선설을 들먹이는가? 어느 설을 지지하느냐에 따라 죄 사함을 받는 것에 대해 전혀 다르게 주장하기 때문이다. 성선설을 지지하는 사람은 자기의 힘과 능력으로 죄 문제를 해결할 수 있다고 주장하고, 성악설을 지지하는 사람은 스스로 죄 문제를 해결할 수 없다고 주장한다.

그러면 왜 성악설을 지지하는 사람은 스스로 죄 문제를 해결할 수 없다고 주장하는가? 나면서부터 죄인이기에 아무리 착한 일을 해도 죄인일 수밖에 없기 때문이다. 이는 마치 집에서 키운다고 해서 호랑이가 사람이 될 수 없고, 여성 옷을 입힌다고 해서 남자가 여자가 될 수 없는 것과 같은 이치다. 예레미야 선지자가 이를 잘 설명한다. "구스인이 그의 피부를, 표범이 그의 반점을 변하게 할 수 있느냐 할 수 있을진대 악에 익숙한 너희도 선을 행할 수 있으리라"(렘 13:23).

한번 생각해 보자. 만일 우리가 스스로 죄 문제를 해결할 수 있다면 굳이 예수께서 이 세상에 오셔서 우리의 죄를 대신하여 십자가에 못 박혀 죽으실 이유가 있겠는가? 그렇게 할 수 없기에 하나님께서 우리의 죄 문제를 해결해 주시기 위해 친히 이 세상에 오셔서 우리의 죄를 대신하여 십자가에 못 박혀 죽으신 것이다. 따라서 스스로 죄 문제를 해결할 수 있다는 생각은 꿈에서조차도 하지 말아야 한다.

바울도 그리스도를 만나기 전에는 율법을 철저히 지키면 죄 문제를 해결 받아 의롭게 될 수 있다고 생각했다. 그가 거짓 메시아를 따르는 그리스도인들을 박해한 것도 그런 생각에서 촉발된 것이다. 그런데 그가 다메섹 도상에서 주님을 만나는 순간 무엇을 깨달았는가? 율법을 지키면 지킬수록 죄를 깨달을 뿐 자신의 행위로는 의롭게 될 수 없다는 것이다. "그러므로 율법의 행위로 그의 앞에 의롭다 하심을 얻을 육체가 없나니 율법으로는 죄를 깨달음이니라"(롬 3:20).

인간의 행위는 죄 사함을 받아 의롭게 되는 데 전혀 도움이 되지 못한다. 혹 종교적 행위, 즉 주일 성수를 잘하고, 헌금을 잘 드리고, 기도를 열심히 하고, 거룩한 삶을 사는 것이 죄 사함을 받는 것과 조금이라도 관련이 있다고 생각하지는 않는가?

바울의 말에 귀를 기울여야 한다. "사람이 의롭게 되는 것은 율법의 행위로 말미암음이 아니요 오직 예수 그리스도를 믿음으로 말미암는 줄 알므로 우리도 그리스도 예수를 믿나니 이는 우리가 율법의 행위로써가 아니고 그리스도를 믿음으로써 의롭다 함을 얻으려 함이라 율법의 행위로써는 의롭다 함을 얻을 육체가 없느니라"(갈 2:16).

■ **율법으로 말미암은 의와 믿음으로 말미암은 의**

사람들은 스스로 노력해서 죄 사함을 받고 의롭게 되기를 원하지만, 하나님께서는 전혀 다른 방법을 계획해 놓으셨다. 그것은 하나님께서 친히 육신의 모양으로 오셔서 우리의 죄를 대신하여 십자가에 못 박혀 죽으시고 부활하신 것을 믿으면 우리의 모든 죄를 사해주시고 의롭게 하시는 것이다. 바울은 이런 사실을 분명히 밝힌다. "이제는 율법 외에 하나님의 한 의가 나타났으니 율법과 선지자들에게 증거를 받은 것이라 곧 예수 그리스도를 믿음으로 말미암아 모든 믿는 자에게 미치는 하나님의 의니 차별이 없느니라"(롬 3:21-22).

우리는 율법으로 말미암는 의를 원하는데, 왜 하나님께서는 예수 그리스도를 믿음으로 말미암는 의를 주시려고 하는가? 그것은 앞서 언급한 대로 인간은 나면서부터 죄인이기 때문에 행위로는 의롭게 될 수 없는 존재이기 때문이다. "그러므로 사람이 의롭다 하심을 얻는 것은 율법의 행위에 있지 않고 믿음으로 되는 줄 우리가 인정하노라"(롬 3:28). 하나님께서 우리의 믿음을 보시고 의롭다고 여기시는 것은 우리가 나면서부터 죄인이므로 선을 행할 수 없는 존재라는 것을 너무나도 잘 아시기 때문이다.

그런데 아직도 이런 사실을 몰라서 방황하는 자들이 부지기수다. 마치 자신이 뭔가를 행해야 죄 사함을 받아 의롭게 될 수 있다고 착각한다. 하나님께서 우리의 믿음을 보시고 의롭다고 여기시는데 자신의 선행으로 의롭게 되려고 하는 것은 하나님을 정면으로 대적하는 것이다. 더는 마귀에게 속지 말아야 한다. 우리는 나면서부터 죄인이므로 아무리 선을 행해도 의롭게 될 수 없다. 오직 하나님의 은혜로 복음을 믿어야 의롭다 함을 받을 수 있는 것이다.

그래서 바울은 이렇게 말한다. "너희는 그 은혜에 의하여 믿음으로 말미암아 구원을 받았으니 이것은 너희에게서 난 것이 아니요 하나님의 선물이라 행위에서 난 것이 아니니 이는 누구든지 자랑하지 못하게 함이라"(엡 2:8-9). 즉 우리 안에는 의롭게 될 만한 요소가 전혀 없기 때문에 믿음조차도 우리에게서 난 것이 아니라 하나님의 선물이다. 하나님의 은혜가 없으면 우리는 스스로 믿음을 가질 수 없고, 죄 사함을 받고 구원을 받을 수 없다.

요즈음 안타깝게도 죄 사함을 받고 구원을 받기 위해서는 복음을 믿는 것으로는 부족하고 선행이 있어야 한다고 주장하는 사람들이 늘어나고 있다. 그들이 이렇게 말하는 데는 나름대로 이유가 있다. 그것은 예수를 믿는다고 말하지만 실제로 하나님의 자녀답게 살지 않기 때문이다. 한마디로 죄 사함을 받고 구원받았다고 말은 하지만 실제로는 삶에 변화가 없기 때문이다.

그런데 이런 이유로 죄 사함을 받고 구원받기 위해 믿음만으로는 부족하고 선행이 필요하다고 주장하는 것은 인간에 대한 이해가 부족한 데서 비롯된 것이다. 앞서 살핀 대로 사람은 나면서부터 죄인이다. 그런데 어떻게 죄인에게 죄 사함의 조건으로 선행을 요구할 수 있는가? 모든 사람은 나면서부터 죄인이므로 하나님의 마음에 충족할 만한 선을 행할 수 없다. 따라서 구원받기 위해 믿음뿐 아니라 선한 행실이 필요하다고 주장해서는 안 된다.

그러면 죄 사함을 받고 구원받았다고 말하지만, 전혀 삶의 변화가 없는 문제는 어떻게 해결해야 하는가? 먼저 성경이 가르치는 대로 죄 사함을 받고 구원받았는지를 확인해야 한다. 성경은 죄 사함을 받으려면 복음을 믿기 전에 회개해야 한다고 말씀하고 있다. "이르시되 때가 찼고 하나님의 나라가 가까이 왔으니 회개하고 복음을 믿으라 하시더라"(막 1:15).

회개는 자신이 죄인이라는 것을 깨닫고, 죄를 범한 것을 슬퍼하고, 가던 길에서 돌이키는 것이다. 구원은 회개한 자에게만 주어지는 하나님의 선물이다. 따라서 복음을 믿는다고 생각하지만, 회개하지 않은 사람은 아직 구원받은 것이 아니다. 혹 회개하지 않은 채 복음을 믿고 구원을 받았다고 생각하고 있다면 지금이라도 회개해야 한다. 회개하지 않고는 절대로 죄 사함을 받을 수 없고 구원을 받을 수 없다.

▪ 복음 신앙 위에 굳게 서 있는가?

성경은 예수께서 우리의 죄를 대신하여 십자가에 못 박혀 죽으시고 부활하신 사실, 즉 복음을 믿으면 죄 사함을 받고 구원받는다고 가르친다(롬 10:9-10). 모든 그리스도인은 이 말씀에 근거하여 복음을 믿었기 때문에 이미 죄 사함을 받고 구원을 받았다고 확신한다.

그런데 어느 날 갑자기 이런 생각이 들었다. '예수께서 우리의 죄를 대신하여 십자가에 못 박혀 죽으시고 부활하신 사실, 즉 복음을 믿었기에 죄 사함을 받고 구원받은 것을 알고 있다. 그런데 예수께서 십자가에 못 박혀 죽으신 것이 과연 우리의 죄 때문인지, 예수님 자신의 죄 때문인지를 확인하고 믿었느냐는 것이다.'

스스로 던진 질문 앞에서 아무 대답도 하지 못했다. 필자부터 이를 확인하지 않고 복음을 믿었기 때문이다. 어디 필자뿐이겠는가? 그리스도인 대부분이 이를 확인하지 않은 채 복음을 믿고 구원을 받는다. 사실 이를 확인하지 않고 복음을 믿어도 구원을 받는 데는 아무 문제가 없다.

그런데 굳이 이 문제를 제기하는 이유는 무엇일까? 복음의 이해도에 따라 신앙이 결정되기 때문이다. 복음을 믿어야 죄 사함을 받고 구원받을 수 있는데 복음 자체에 대해 이해가 부족하면 어떻게 신앙생활을 제대로 할 수 있겠는가? 따라서 우리가 신앙생활을 건강하게 하려면 예수께서 십자가에 못 박혀 죽으신 것이 자신의 죄 때문인지를 확인해야 한다.

예수께서 십자가에 못 박혀 죽으신 것이 우리의 죄 때문인지를 어떻게 알 수 있는가? 그것은 예수께서 십자가에 못 박혀 죽으시기 전에 하신 말씀을 통하여 확인할 수 있다. 예수께서 십자가에 못 박혀 죽으시기 전, 제자들에게 이렇게 말씀하셨다. "나는 너희의 죄를 대속하기 위하여 십자가에 못 박혀 죽지만 제 삼일에 다시 살아날 것이다"(마 16:21, 17:22-23, 20:18-19).

그런데 어떻게 되었는가? 예수께서 말씀하신 대로 십자가에 못 박혀 죽으시고 다시 살아나셨다. 즉 부활을 통하여 예수께서 십자가에 못 박혀 죽으신 것은 그분의 죄 때문이 아니라 우리의 죄 때문이라는 것이 증명되었다. 이런 사실은 골고다 언덕 위에 세워진 세 개의 십자가를 통해서도 확인할 수 있다. 예수께서 두 행악자와 함께 십자가에 못 박혀 죽으셨다(눅 23:32-33). 그런데 예수께서는 다시 살아나셨지만, 좌우편 강도들은 살아나지 못했다. 이는 좌우편 강도들은 그들의 죄 때문에 처형당했기 때문이고, 예수께서는 자신의 죄가 아니라 우리의 죄 때문에 처형당하셨기 때문이다. 세상에 이보다 더 기쁜 일이 어디 있는가? 그래서 바울은 예수께서 십자가에 못 박혀 죽으시고 다시 살아나신 것을 기쁜 소식, 즉 복음이라고 말한 것이다(고전

15:3-4, 참조 롬 4:24-25).

그런데 만약 예수께서 말씀하신 대로 죽으신 후에 다시 살아나시지 않았다면 누구의 죄로 인해 죽으신 것인가? 우리의 죄가 아니라 그분 자신의 죄 때문이다. 그래서 바울은 "그리스도께서 다시 살아나신 일이 없으면 너희의 믿음도 헛되고 너희가 여전히 죄 가운데 있을 것이요"(고전 15:17, 참조 고전 15:14)라고 말한 것이다.

우리는 이 복음을 믿음으로 죄 사함을 받고 구원을 받았다. 그러나 이것으로 만족하지 말고 복음 신앙 위에 굳게 서 있는지를 점검해야 한다. 조금이라도 흔들린다면 신앙에 빨간 불이 들어온 것이다. 신앙은 복음을 믿음으로 시작하는데 이것이 흔들리면 신앙 자체가 무너질 수 있기 때문이다. 당신은 정말 예수께서 당신의 죄를 대신하여 십자가에 못 박혀 죽으시고 부활하신 사실을 굳게 믿고 있는가?

4. 모든 죄를 사함받은 확신이 있는가?

예수께서 우리의 죄를 대신하여 십자가에 못 박혀 죽으시고 부활하신 사실을 믿으면 죄 사함을 받고 구원받는다. 그런데 이를 확신하지 못하고 살아가는 그리스도인들이 부지기수다. 심지어 이 세상에서는 죄 사함을 받고 구원받은 것을 알 수 없고 죽어 봐야 알 수 있다고 주장하는 이들도 있다.

▪ 왜 죄 사함의 확신이 흔들리는가?

성경은 복음을 믿으면 즉시 죄 사함을 받는다고 가르친다. 예수께서도 친히 그렇게 말씀하셨다. "내가 진실로 진실로 너희에게 이르노니 내 말을 듣고 또 나 보내신 이를 믿는 자는 영생을 얻었고 심판에 이르지 아니하나니 사망에서 생명으로 옮겼느니라"(요 5:24).

다윗은 이미 B.C. 11세기에 다음과 같이 고백했다. "여호와는 긍휼이 많으시고 은혜로우시며 노하기를 더디 하시고 인자하심이 풍부하시도다 자주 경책하지 아니하시며 노를 영원히 품지 아니하시리로다 우리의 죄를 따라 우리를 처벌하지는 아니하시며 우리의 죄악을 따라 우리에게 그대로 갚지는 아니하셨으니 이는 하늘이 땅에서 높음같이 그를 경외하는 자에게 그의 인자하심이 크심이로다 동이 서에서 먼 것 같이 우리의 죄과를 우리에게서 멀리 옮기셨으며"(시 103:8-12).

히브리서 기자는 예수께서 속죄제사를 드리셨기 때문에 이를 믿는 자들을 이미 영원히 온전하게 하셨다고 말씀한다. "오직 그리스도는 죄를 위하여 한 영원한 제사를 드리시고 하나님 우편에 앉으사 그 후에 자기 원수들을 자기 발등상이 되게 하실 때까지 기다리시나니 그가 거룩하게 된 자들을 한 번의 제사로 영원히 온전하게 하셨느니라"(히 10:12-14).

이처럼 예수께서 복음을 믿는 자는 이미 영생을 얻었고 사망에서 생명으로 옮겨졌다고 말씀하시고, 다윗도 하나님을 경외하는 자의 죄를 동이 서에서 먼 것처럼 멀리 옮기셨다고 말하고, 히브리서 기자도 예수께서 단번에 영원한 속죄 제사를 드리셨다고 말한다.

여러 곳에서 복음을 믿은 자는 죄 사함을 받았다고 말씀하고 있는데도 죄 사함의 확신이 흔들리는 이유는 무엇인가? 가장 큰 이유는 하나님의 말씀대로 살지 못하기 때문이다.

그런데 이것 때문에 죄 사함의 확신이 흔들려서는 안 된다. 왜냐하면 우리가 죄 사함을 받은 것은 우리의 선한 행실로 말미암은 것이 아니라 예수께서 우리의 죗값을 대신 치러주신 것을 믿었기 때문이다. 우리는 나면서부터 죄인이므로 선한 행실로는 죄 사함을 받을 수 없기에 예수께서 우리의 죄를 대신하여 십자가에 못 박혀 죽으시고 부활하신 사실을 믿는 믿음을 보시고 죄를 사해주신 것을 한순간도 잊지 말아야 한다. 당신이 말씀대로 살지 못한다는 이유로 죄 사함의 확신이 흔들리는 것은 이런 사실을 깜빡 잊고 아직도 자신의 행위를 의지하기 때문이다.

■ **단 번의 속죄 제사로 영원히 죄 사함을 받았다**

죄는 내용적으로 볼 때 크게 아담으로부터 이어받은 원죄와 자신이 직접 범한 자범죄가 있고, 시간적으로는 과거에 지은 죄, 현재 범하고 있는 죄, 장차 지을 죄가 있다. 그러나 예수께서 우리의 죄를 위하여 십자가에 못 박혀 죽으시고 부활하신 사실을 믿는 순간 이미 모든 죄를 사함을 받는다. 어떻게 한순간에 모든 죄를 영원히 사함을 받을 수 있단 말인가?

히브리서 기자는 그 이유를 제시한다. "염소와 송아지의 피로 아니하고 오직 자기의 피로 영원한 속죄를 이루사 단번에 성소에 들어가셨느니라"(히 9:12).

무슨 말씀인가? 예수께서 짐승의 피가 아니라 자기의 피로 제사를 드리셨기 때문이라는 것이다. 이는 구약시대의 제사와 전혀 다른 점이다.

구약시대에는 죄를 지을 때마다 자기를 대신하여 짐승의 피를 흘려서 죄 사함을 받았지만, 신약시대에는 예수께서 우리를 대신하여 피 흘려 죽으시므로 우리의 모든 죄를 영원히 사함을 받을 수 있게 된 것이다. "제사장마다 매일 서서 섬기며 자주 같은 제사를 드리되 이 제사는 언제나 죄를 없게 하지 못하거니와 오직 그리스도는 죄를 위하여 한 영원한 제사를 드리시고 하나님 우편에 앉으사"(히 10:11-12).

따라서 우리가 예수께서 자신의 죄를 대속하시기 위해 십자가에 못 박혀 죽으시고 부활하신 사실, 즉 복음을 정말로 믿는다면 이미 영원히 죄 사함을 받았으므로 과거에 어떤 죄를 지었든지, 지금 어떤 죄를 짓고 있든지, 장차 어떤 죄를 짓든지 죄 사함의 확신이 흔들려서는 안 된다. 죄 사함의 확신이 흔들리면 다시 옛사람으로 돌아가서 죄 가운데 빠져 살게 되기 때문이다.

그런데 예수께서 단번에 영원한 속죄 제사를 드리심으로 우리의 모든 죄를 사해주셨다는 것은 예수 그리스도의 대속의 완전성과 영원성을 강조한 것이지, 우리가 영원히 모든 죄를 사함을 받았으므로 마음대로 죄를 지어도 상관없다는 뜻으로 이해해서는 안 된다. 주님께서 우리를 죄에서 건져주신 것은 더는 죄를 짓지 말라는 뜻이기 때문이다.

그런데 대표적 기독교 이단인 구원파는 이 교리를 지나치게 강조한 나머지 구원받은 자는 이미 모든 죄를 영원히 사함을 받았기 때문에 회개할 필요가 없다고 가르친다. 과연 그들의 가르침은 옳은가? 성경은 이렇게 말씀한다. "만일 우리가 죄가 없다고 말하면 스스로 속이고 또 진리가 우리 속에 있지 아니할 것이요 만일 우리가 우리 죄를 자백하면 그는 미쁘시고 의로우사 우리 죄를 사하시며 우리를 모든 불의에서 깨끗하게 하실 것이요"(요일 1:8-9). 한마디로 그리스도인이 죄를 범했을 경우, 회개하라는 뜻이다. 요한일서는 이미 구원받은 그리스도인에게 보낸 서신이므로 구원파의 가르침은 잘못된 것이다.

- **언제 우리의 죄가 예수께 전가되었는가?**

이사야 선지자는 하나님께서 우리 모두의 죄악을 어린 양이신 예수께 담당시키셨다고 말한다. "우리는 다 양 같아서 그릇 행하여 각기 제 길로 갔거늘 여호와께서는 우리 모두의 죄악을 그에게 담당시키셨도다"(사 53:6).

과연 언제 인류의 죄가 예수님께로 옮겨졌을까? 대표적 기독교 이단인 박옥수는 세례 요한이 예수님께 세례를 줄 때 우리의 죄가 전가되었다고 한다. 그는 예수께서 세례 베풀기를 거절하는 세례 요한에게 하신 말씀, 즉 "… 이제 허락하라 우리가 이와 같이 하여 모든 의를 이루는 것이 합당하니라"(마 3:15)와 세례 요한이 자기에게 오시는 예수님을 향하여 한 말, 즉 "… 보라 세상 죄를 지고 가는 하나님의 어린양이로다"(요 1:29)를 근거로 내세운다.

박옥수가 이를 근거로 이렇게 주장하는 데는 나름대로 이유가 있다. 구약시대에는 죄 사함을 받기 위해 짐승에게 죄를 전가하는 두 가지 방법이 있었는데, 온 백성의 죄를 사함을 받는 경우는 대제사장이 대표로 짐승에게 안수하여 죄를 전가하였고, 개인의 죄를 사함을 받는 경우는 각자가 짐승에게 안수하여 죄를 전가하였다. 그런데 예수께서는 온 인류의 죄를 대속하시기 위해 속제 제물이 되셨기 때문에 전자의 경우에 해당되므로, 세례 요한이 인류의 대표로 예수님께 안수할 때에 우리 죄가 예수님께 전가되었다고 주장한다.

과연 그럴까? 만일 세례 요한이 예수님께 세례를 베풀 때 우리의 죄가 예수님께 전가되었다고 하자. 그러면 그 순간부터 예수께서 죄인이 되신 것이고, 공생애를 죄인으로 사셨다는 결론에 도달한다. 그런데 성경은 예수께서 요단 강에서 세례 요한에게 세례를 받으시고 올라오실 때 어떤 일이 일어났다고 말씀하는가? "… 하늘이 열리고 하나님의 성령이 비둘기 같이 내려 자기 위에 임하심을 보시더니 하늘로부터 소리가 있어 말씀하시되 이는 내 사랑하는 아들이요 내 기뻐하는 자라 하시니라"(마 3:16-17). 한마디로 성령께서 임하셔서 예수님과 함께하셨다. 그리고 공생애 동안 성령으로 사역하셨다. 어떻게 성령께서 죄인과 함께하시겠는가?

그러면 언제 우리의 죄가 예수께로 옮겨져서 죄인이 되셨을까? 필자는 빌라도가 예수님을 죄인이라고 사형 언도를 내린 때라고 생각한다(눅 23:22-25). 그때부터 예수께서 죄인이 되셨고, 죄의 삯은 사망이므로 우리의 죄를 대신하여 십자가에 처형당하신 것이다.

5. 죄 사함을 받은 후, 죄를 범하면 어떻게 되는가?

주께서 우리의 죄를 사해주신 것은 죄와 무관한 삶을 살도록 하기 위해서다. 따라서 죄 사함을 받은 자는 당연히 죄를 짓지 말아야 한다. 그런데 이 세상이 구조적으로 악할 뿐 아니라 옛사람이 완전히 죽지 않았기 때문에 죄를 짓는 경우가 종종 발생한다. 혹 하나님의 자녀가 죄를 범하면 어떻게 되는가?

■ 죄는 반드시 그 대가를 요구한다

죄를 지으면 그에 따르는 여러 가지 대가를 지불해야 한다. 무엇보다 구원의 즐거움을 잃어버리고(시 51:12), 기도의 응답을 받지 못하고(사 59:1-2), 하나님의 심판을 받고(고전 3:17), 죄책감으로 살아가야 하는(시 51:3) 등 수많은 고통이 따른다. 하나님의 사람 다윗은 죄를 범하였을 때 얼마나 고통스러웠는지를 고백한다. "내가 입을 열지 아니할 때에 종일 신음하므로 내 뼈가 쇠하였도다 주의 손이 주야로 나를 누르시오니 내 진액이 빠져서 여름 가뭄에 마름같이 되었나이다 내가 이르기를 내 허물을 여호와께 자복하리라 하고 주께 내 죄를 아뢰고 내 죄악을 숨기지 아니하였더니 곧 주께서 내 죄악을 사하셨나이다"(시 32:4-5).

그러나 죄의 대가는 단지 이런 고통을 당하는 것으로 끝이 아니다. 더 큰 대가를 지불해야 한다. 그것은 하나님과 나누는 교제의 단절이다. 하나님과의 교제가 단절되면 하나님의 은혜를 받을 수 없다. 하나님의 자녀가 하나님의 은혜를 받지 않고 어떻게 살아갈 수 있는가? 절대로 불가능하다. 이는 마치 갓난아이가 부모님의 도움이 없이는 살 수 없는 것과 같다. 그래서 히브리서 기자는 하나님의 은혜를 얻기 위해 은혜의 보좌 앞에 나아가야 한다고 권면한 것이다(히 4:16).

따라서 죄를 범하는 것을 우습게 생각하면 안 된다. 죄를 범하지 않기 위해서 대가를 지불하고 피 흘리기까지 싸워야 한다. 요셉이 보디발의 아내가 날마다 동침을 유혹했지만 이를 물리쳤던 것은 죄가 얼마나 무서운지를 알았기 때문이다. "이 집에는 나보다 큰 이가 없으며 주인이 아무것도 내게 금하지 아니하였어도 금한 것은 당신뿐이니 당신은 그의 아내임이라 그런즉 내가 어찌 이 큰 악을 행하여 하나님께 죄를 지으리이까"(창 39:9). 바울도 죄의 대가가 어떤지를 알았기에 "악은 어떤 모양이라도 버리라"(살전 5:22)고 권면한 것이다.

■ 죄는 하나님과의 부자 관계에는 영향을 미치지 못한다

죄를 범하면 엄청난 대가를 지불해야 한다. 그러나 죄는 하나님과의 교제에는 영향을 미쳐도 하나님과의 관계 자체에는 영향을 미치지 못한다. 즉 죄를 범하면 하나님과 사귐이 단절되는 것이지 하나님의 자녀에서 탈락이 되어 이미 얻은 구원이 취소되는 것이 아니다. 왜 그럴까? 하나님께서 우리를 그분의 자녀로 삼아주신 것은 우리가 죄를 범하지 않았기 때문이 아니라 예수께서 우리의 죄를 대신하여 십자가에 못 박혀 죽으시고 부활하신 사실을 믿는 믿음을 보셨기 때문이다.

혹 죄를 범할 경우 사죄의 확신이 흔들리거나 이제 더는 하나님의 자녀가 아니라고 생각하지는 않는가? 그렇다면 마귀에게 속은 것이다. 한번 생각해보라. 당신의 자녀가 죄를 지으면 어떻게 하는가? 호적에서 삭제하는가? 그렇게 할 수도 없고, 그렇게 하지도 않는다. 우리가 악해도 자녀가 잘못한 경우 호적에서 삭제하지 않는데, 하물며 좋으신 하나님 아버지께서 죄를 범했다고 부자 관계를 단절하시겠는가?

그러나 죄를 범해도 하나님과의 부자 관계가 단절되지 않는다는 이유로 죄를 방치하면 안 된다. 죄 문제보다 우선적으로 해결해야 할 것은 없다. 어떤 죄를 범했을지라도 주님 앞에 나아가 자백해야 한다. 자백은 자기의 죄나 허물을 스스로 하나님께 고백하는 것이다. 자백하면 어떤 죄라도 사해주신다. 목욕한 자는 발만 씻으면 되듯이 죄를 지었을 경우 이를 고백하면 된다(요 13:10). "만일 우리가 우리 죄를 자백하면 그는 미쁘시고 의로우사 우리 죄를 사하시며 우리를 모든 불의에서 깨끗하게 하실 것이요"(요일 1:9).

6. 죄 사함을 받은 자는 이렇게 살아야 한다

예수께서 우리의 죄를 대신하여 십자가에 못 박혀 죽으시고 부활하신 사실, 즉 복음을 믿으면 누구든지 죄 사함을 받고 구원받는다. 따라서 복음을 믿은 자는 이미 죄 사함을 받고 의롭게 되었기 때문에 당연히 죄 사함을 받기 전과 다르게 살아가야 한다. 구체적으로 어떻게 살아가야 하는가?

■ 죄 사함을 받은 감격과 기쁨으로 살아야 한다

죄의 삯은 사망이기 때문에 인생에서 가장 무거운 짐은 죄의 짐이다. 시편 기자도 "내 죄악이 내 머리에 넘쳐서 무거운 짐 같으니 내가 감당할 수 없나이다"(시 38:4)라고 고백한다. 예수께서 "수고하고 무거운 짐 진 자들아 다 내게로 오라 내가 너희를 쉬게 하리라"(마 11:28)라고 말씀하셨는데 '무거운 짐' 역시 죄의 짐을 뜻한다.

그런데 우리는 복음을 믿고 죄 사함을 받았기 때문에 무거운 죄 짐을 지지 않는다. 따라서 그리스도인은 죄 사함을 받은 감격과 기쁨으로 살아가야 한다(시 68:19). 그런데 그렇게 살아가는 자들을 만나기란 하늘의 별 따기다. 왜 이런 현상이 일어나는 걸까? 여러 가지 이유가 있지만 가장 큰 이유는 자신이 얼마나 큰 죄인인지를 모르는 상태에서 복음을 믿고 구원을 받았기 때문이다. 성경에서 말하는 구원은 죄로부터 건짐을 받는 것이다. 그런데 자신이 얼마나 큰 죄인인지 모르는 상태에서 구원을 받았다면 어떻게 감격과 기쁨을 누릴 수 있겠는가(참조, 벧전 1:8-9).

이 세상에서 죄 사함을 받은 것보다 큰 복은 없다. 따라서 정말 죄 사함을 받은 것을 확신한다면 아무리 힘들고 어려워도 감격과 기쁨을 잃지 말아야 한다. 상황이 힘들고 어렵다고 해서 죄 사함을 받은 감격과 기쁨을 잃고 살아가는 것은 둘 중 하나다. 진정으로 죄 사함을 받지 못했든지, 아니면 자신도 모르게 교만해져 있기 때문이다. 교만하면 감사와 기쁨은 자취를 감춘다.

■ 주님께 용서받았듯이 다른 사람을 용서해야 한다

죄 사함을 받은 자는 상대방의 모든 잘못을 용서해야 한다. 혹시 물질적으로 손해를 입혔어도, 자존심을 상하게 했어도, 상해를 입혔어도 용서해야 한다. 왜 그런가? 주님께서 우리의 모든 죄를 용서하셨기 때문이다. 주님께서 용서하시지 않은 죄는 단 하나도 없다. 과거에 지은 죄, 현재 짓고 있는 죄, 미래에 지을 죄까지도 용서해주셨다.

그런데 우리가 상대방을 용서하는 데 인색한 이유는 무엇일까? 주님께서 왜 우리를 용서해 주셨는지를 깨닫지 못하기 때문이다. 주님께서 우리를 용서해 주신 것은, 우리에게 그럴 만한 요소가 있기 때문이 아니다. 주님께서 일방적으로 은혜를 베푸신 것이다. 따라서 우리도 상대방을 그렇게 용서해야 한다.

우리는 '일만 달란트의 빚을 탕감 받은 자의 비유'를 알고 있다(마 18:21-35). 이 비유는 한마디로 주인에게 일만 달란트 빚을 탕감 받은 종이 나가서 일백 데나리온 빚진 자를 만나 빨리 빚을 갚지 않는다고 감옥에 넣자 주인이 이를 듣고서 그도 감옥에 넣었다는 것이다. 참고로, 한 데나리온은 당시 노동자 하루 품삯이고, 한 달란트는 육천 데나리온이다. 하루 품삯을 이십만 원으로 계산하여 일만 달란트를 한화로 환산하면 6,000(데나리온)×10,000(달란트)×200,000(원) = 12,000,000,000,000원이다. 즉 12조 원에 달한다.

예수께서 일만 달란트의 빚을 탕감 받은 종의 비유를 말씀하신 이유는 무엇인가? 이는 이 비유의 마지막 부분을 보면 알 수 있다. "내가 너를 불쌍히 여김과 같이 너도 네 동료를 불쌍히 여김이 마땅하지 아니하냐"(마 18:33). 주님께서 우리를 용서해 주셨듯이 우리도 마땅히 그렇게 해야 한다는 것이다. 정말 주님께 모든 죄를 용서받았다면, 우리 또한 다른 사람의 모든 죄를 용서해야 한다(엡 4:32).

복음의 능력은 용서다. 지금 누군가를 용서하지 못하고 미워하고 있다면 이는 아직 복음을 경험하지 못한 자다. 복음이 무엇인가? 예수께서 우리의 죄를 대신하여 십자가에 못 박혀 죽으시고 부활하셨다는 것이다. 정말 이를 믿는다면 어떻게 다른 사람을 용서하지 않을 수 있겠는가? 자신이 얼마나 큰 죄를 용서받았는지를 아는 것과 상대방을 용서하는 것은 비례한다.

■ **날마다 죄의 유혹을 물리치고 승리해야 한다**

예수님을 영접하는 순간 성령께서 내주하시므로 우리 안에는 두 가지, 즉 육체의 소욕과 성령의 뜻이 존재한다. 성령께서는 우리를 죄에서 멀어지게 하지만, 육신의 옛 본성은 계속해서 죄를 따르게 하므로 서로 싸울 수밖에 없다. 바울은 갈라디아 교회에 보낸 편지에서 이런 사실을 언급한다. "내가 이르노니 너희는 성령을 따라 행하라 그리하면 육체의 욕심을 이루지 아니하리라 육체의 소욕은 성령을 거스리고 성령은 육체를 거스르나니 이 둘이 서로 대적함으로 너희가 원하는 것을 하지 못하게 하려 함이니라"(갈 5:16-17).

성령께서 우리 안에 거하시기 때문에 죄의 유혹과 맞서 싸워야 한다. 죄의 유혹과 싸우는 것은 선택이 아니라 필수다. 죄의 유혹과 맞서 싸우지 않으면 성령을 거스르게 되고 육체의 욕심을 좇게 된다. 그런데 죄의 유혹을 물리치는 것은 말처럼 쉬운 게 아니다. 그 배후에 사탄이 자리하기 때문이다.

사탄이 우리에게 죄를 짓도록 유혹하는 데는 그럴 만한 이유가 있다. 그것은 우리가 신분상으로는 하나님의 자녀이지만 죄를 범하면 실제로는 마귀의 종이 되기 때문이다. "죄를 짓는 자는 마귀에게 속하나니 마귀는 처음부터 범죄함이라 …"(요일 3:8). 마귀의 유혹에 넘어가는 것과 죄를 짓는 것은 불가분의 관계다. 마귀는 우리를 다시 빼앗아 갈 수 없다는 것을 알기 때문에 죄를 짓도록 유혹하여 하나님의 자녀가 아니라 마귀의 종으로 살게 한다.

어떻게 하면 마귀와의 영적 전쟁에서 승리할 수 있는가? 바울은 우리에게 영적 전쟁에서 이기는 방법을 가르쳐주고 있다. "마귀의 간계를 능히 대적하기 위하여 하나님의 전신 갑주를 입으라 우리의 씨름은 혈과 육을 상대하는 것이 아니요 통치자들과 권세들과 이 어둠의 세상 주관자들과 하늘에 있는 악의 영들을 상대함이라 그러므로 하나님의 전신 갑주를 취하라 이는 악한 날에 너희가 능히 대적하고 모든 일을 행한 후에 서기 위함이라 그런즉 서서 진리로 너희 허리 띠를 띠고 의의 호심경을 붙이고 평안의 복음이 준비한 것으로 신을 신고 모든 것 위에 믿음의 방패를 가지고 이로써 능히 악한 자의 모든 불화살을 소멸하고 구원의 투구와 성령의 검 곧 하나님의 말씀을 가지라 모든 기도와 간구를 하되 항상 성령 안에서 기도하고 이를 위하여 깨어 구하기를 항상 힘쓰며 여러 성도를 위하여 구하라"(엡 6:12-18).

　마귀의 유혹을 물리치고 영적 전쟁에서 승리하기 위해서는 말씀과 기도로 무장해야 한다. 다른 방법으로는 영적 전쟁에서 이길 수 없다. 예수께서도 마귀에게 시험을 받으실 때마다 말씀으로 물리치셨고, 시험을 앞두고 간절히 기도하셨다. 따라서 우리도 영적 전쟁에서 이길 수 있도록 말씀과 기도로 무장해야 한다. 말씀과 기도로 무장하지 않고서 영적 전쟁에 나서는 것은 어불성설이다. 마귀는 말씀과 기도로 무장하지 않은 그리스도인을 가장 우습게 안다.

02장
구원의 확신으로 살아가다

1. 전통적 구원론이 공격받고 있다

기독교인들은 예수께서 자신의 죄를 대신하여 십자가에 못 박혀 죽으시고 부활하신 사실, 즉 복음을 믿으면 의롭게 되고 구원받았다고 확신한다. 소위 이신칭의 교리는 종교개혁자들이 주장한 이래 지금까지 구원론의 근간이다. 그런데 이러한 전통적 구원론이 매우 심각한 도전에 직면해 있다.

▪ 유보적 칭의론의 주장은 정당한가?

E.P. 샌더스(Ed Parish Sanders)를 위시하여 N.T. 라이트(Nicholas Thomas Wright)와 제임스 던(James D.G. Dunn)으로 대변되는 소위 새 관점 학파들은 전통적인 이신칭의 교리에 공격을 가한다. 한마디로 그들의 핵심적인 주장은 오직 믿음으로 구원을 받는다는 것이 아니라는 것이다. 톰 라이트는 이렇게 주장한다. "첫 칭의는 예수를 믿음으로 하나님의 은혜로 주어지지만, 최후 심판 때의 마지막 칭의는 전 생애를 통해 성령의 인도 아래 얼마나 거룩한 삶을 살았느냐에 따라 결정된다."

과연 이런 주장이 옳은 것일까? 이를 논하기에 앞서 왜 이들 유보적 칭의론자들이 이런 주장을 하는지를 알아야 한다. 그것은 전통적인 구원론이 오직 믿음으로 구원을 받는다고 주장하기 때문에 구원받은 후 삶의 변화, 즉 의의 열매가 없다는 것이다. 그런데 오직 믿음으로 구원을 받는다는 이신칭의 구원론이 잘못되었기 때문에 구원받은 후 삶의 변화가 없는 것일까?

필자는 그런 주장에 동의하지 않는다. 구원받은 후 삶의 변화가 없는 것은, 이신칭의 구원론이 잘못되었기 때문이 아니라 회개하고 복음을 믿어야 구원을 받을 수 있는데 회개의 단계를 건너뛴 채 구원받았다고 생각하기 때문이다. 회개란 지금껏 잘못된 삶을 버리고 새로운 삶을 살아가겠다는 의지적 결단이다. 따라서 회개하고 복음을 믿은 자는 변화된 삶을 살아갈 수밖에 없다.

유보적 칭의론을 주장하는 자들에게 다음의 세 가지 질문에 답할 것을 요구한다.

첫째로, 칭의를 받은 후 얼마나 하나님의 뜻대로 살아야 최종적으로 구원받을 수 있느냐는 것이다. 복음을 믿은 후의 삶은 사람마다 다르다. 혹자는 성령의 충만을 받아 주님의 뜻대로 살아가고, 혹자는 성령의 충만을 유지하지 못해서 하나님의 뜻대로 살아가지 못하기도 한다. 또 성령의 충만을 받아도 언제나 충만한 상태를 유지하는 것도 아니다. 그런데 무엇에 근거하여 최종적으로 구원을 결정하느냐는 것이다. 구원의 판단 기준이 애매모호하다. 각자의 운명을 영원히 결정하는 판단 기준이 애매모호해서야 되겠는가?

둘째로, 예수를 믿으면 이미 구원받았다고 주장하는 성경 구절은 어떻게 해석하느냐는 것이다. 성경에는 복음을 믿음으로 구원이 완전히 결정된다고 말씀하는 구절이 있고(요 5:24, 갈 2:16, 롬 3:23-24, 롬 8:33, 엡 2:8-9), 행위가 구원에 영향을 미친다고 말씀하는 경우도 있다(마 5:20; 7:21, 25:1-13, 25:14-30, 25:31-46). 그런데 행위가 구원에 영향을 미친다고 말한 것은 실제 행위로 구원을 얻는다는 것이 아니라, 말로만 신앙생활을 하지 말고 행함이 있어야 함을 강조한 것이다.

셋째로, 왜 구원받은 후 삶의 변화를 심판의 대상이 아니라 구원의 조건으로 생각하느냐는 것이다. 그리스도인이라도 마지막 날 주님 앞에 서서 심판을 받는다(고후 5:10). 그리고 심판에 따라 각자의 상급이 결정된다. 따라서 삶의 변화를 구원의 조건으로 넣지 말고 심판의 대상으로 삼아야 한다. 판단 기준이 모호한 삶의 변화를 굳이 구원의 조건으로 삼으려는 이유는 무엇인가?

■ 이미 얻은 구원을 잃을 수 있는가?

이에 대해서는 칼빈주의자들과 알미니안주의자들이 크게 대립하고 있다. 칼빈주의나 알미니안주의나 모두 성경을 근거로 주장하기 때문에 어느 하나는 맞고 어느 하나는 틀리다고 주장해서는 안 된다. 이는 마치 기독교 안에 교파가 다양한데 자기의 교파만 맞고 다른 교파는 틀렸다고 주장하는 것과 같다. 구원을 받기 위해서는 하나님의 은혜와 인간의 믿음이 있어야 한다. "너희는 그 은혜에 의하여 믿음으로 말미암아 구원을 받았으니 이것은 너희에게서 난 것이 아니요 하나님의 선물이라"(엡 2:8-9). 칼빈주의는 하나님의 절대주권을 강조한 것이고, 알미니안주의는 인간의 믿음을 강조한 것이다.

그러면 과연 우리가 받은 구원을 중도에 잃을 수 있느냐는 것이다. 칼빈주의자들은 하나님의 절대주권에 의해 구원을 받는다고 주장하기 때문에 중도에 구원을 잃을 수 없다고 주장하지만, 알미니안주의자들은 사람의 믿음에 의해 구원이 결정된다고 주장하기 때문에 중도에 구원을 잃을 수 있다고 주장한다.

그런데 칼빈주의자든 알미니안주의자든 믿음은 구원에 있어서 필수적이다. 믿음이 없이는 구원받을 수 없다는 데는 동의한다. 따라서 구원과 관련한 믿음을 자세히 살펴야 한다. 우리가 잘 알고 있는 요한복음 5장 24절에서 '믿는 자'의 동사가 현재형이다. 즉 현재 믿음을 가진 자라야 구원을 받은 것이라는 것이다. 그리고 에베소서 2장 8-9절에서 "너희는 그 은혜에 의하여 믿음으로 말미암아 구원을 받았으니 …"를 원어로 직역하면 다음과 같다. '왜냐하면 너희는 은혜로 믿음을 통하여 이미 구원을 받은 채로 현재 있기 때문이다.' 무슨 말인가? 현재 가지고 있는 믿음으로 구원을 받았다는 것이다. 즉 구원을 유지하려면 믿음을 잃지 말아야 한다.

하나님께서는 한번 구원하신 자는 끝까지 구원에 이르게 하신다. 그런데 이 말은 우리가 믿음을 가진 것을 전제한 것이지 중간에 다른 신을 믿어도 그렇게 하신다고 말씀하신 것이 아니다. 따라서 구원을 받았어도 중도에 하나님을 믿지 않고 다른 신을 믿으면 당연히 구원을 잃을 수 있다. 성경은 이런 사실을 소개하고 있다(딤전 1:19, 5:15; 히 6:4-6).

그런데 구원을 잃는 것과 관련하여 반드시 알아야 할 것이 있다. 구원을 잃게 되는 것은 하나님을 믿지 않기로 결단하고 대적자로 돌아선 경우이지, 믿던 중 시험에 들어 교회를 쉬고 있거나, 죄를 범한 경우나, 잠시 마귀의 미혹을 받아 이단에 빠진 것은 이에 해당이 되지 않는다.

2. 왜 구원의 확신이 흔들리는가?

젊은 시절 서울의 대형교회에서 부교역자로 사역할 때였다. 교회 중직자들과 상담하면서 구원의 확신이 흔들리는 것을 보고서 적지 않게 충격을 받았다. 그리고 이런 의문이 들었다. "왜 오랫동안 신앙생활을 하고 교회에서 직분까지 받았는데도 구원의 확신이 흔들릴까?" 이를 고민하며 이유를 찾던 중에 답을 알았다.

■ 2% 부족한 전통적 구원의 확신

일반적으로 그리스도인이 확신하는 구원의 내용은 크게 두 가지다. 하나는 죄 사함을 받고 죄에서 해방되어 마귀의 자녀에서 하나님의 자녀가 되었다는 것이다. 다른 하나는 장차 죽으면 천국에 들어간다는 것이다. 그런데 이런 확신이 상황에 따라 흔들리는 것을 종종 경험한다. 어떤 경우는 믿지만, 어떤 경우는 의심한다.

왜 이런 현상이 일어나는가? 구원의 확신에서 시제는 과거, 현재, 미래가 있어야 하는데 전통적인 구원의 확신에는 그중에서 한 가지가 빠져 있기 때문이다. 즉 현재 시제가 빠져 있기 때문이다. 복음을 믿고 죄 사함을 받아 마귀의 자녀에서 하나님의 자녀가 된 것은 과거에 일어난 일이고, 장차 죽으면 천국에 들어간다는 것은 미래에 일어날 일이다.

구원의 확신에 현재 시제가 빠져 있다는 것은, 우리 몸에 비유하면 마치 상체와 하체를 연결하는 허리가 약하다는 것을 뜻한다. 허리가 약하면 아무리 신체가 건장해도 제대로 힘을 쓸 수 없듯이, 죄 사함을 받아 마귀의 자녀에서 하나님의 자녀가 되었다는 것과 장차 죽으면 천국에 들어갈 것을 믿어도 현재 하나님의 구원을 경험하지 않으면 이 두 확신이 흔들리게 되는 것이다.

구원의 확신을 어떻게 갖게 되는가? 대체로 새신자일 때 행하는 성경공부를 통해서다. 즉 삶 속에서 실제로 구원을 경험하여 얻지 않고, 교리 공부를 통하여 지식적으로 얻는다. 그런데 신앙생활을 하면서 어려운 상황이 빨리 해결되지 않으면 하나님의 존재 자체에 대한 의심이 들고 구원의 확신이 흔들리게 된다.

반면 새신자임에도 불구하고 믿음이 견고한 사람들을 보게 되는데 이는 구원의 확신을 성경공부를 통해서가 아니라 삶 속에서 경험하여 가지기 때문이다.

필자도 거듭나는 과정에서 성령의 역사를 강하게 경험했기 때문에 엄청난 시련을 받았지만, 구원의 확신이 흔들린 적이 전혀 없다. 삶 속에서 날마다 하나님의 구원을 경험하는데 어떻게 자신이 하나님의 자녀라는 것과 장차 천국에 들어갈 것을 의심하겠는가?

■ **구원의 경험과 구원의 확신은 비례한다**

지금까지 살펴본 바와 같이 전통적인 구원의 확신, 즉 죄 사함을 받아 마귀의 자녀에서 하나님의 자녀가 되었다는 것과 장차 죽으면 천국에 들어간다는 것에 대한 확신이 흔들리는 것은 한마디로 삶 속에서 구원을 경험하지 못하기 때문이다. 즉 하나님의 구원을 눈으로 보거나 손으로 만지지 못하기 때문이다.

따라서 구원의 확신이 흔들리지 않게 하기 위해서는 무엇보다도 구원을 경험하도록 하면 된다. 백문불여일견(百聞不如一見)이라는 말이 있듯이 구원의 확신은 백 번 이를 공부하는 것보다 한 번 삶 속에서 경험하는 것이 훨씬 효과적이다. 구원의 확신은 성경공부의 대상이 아니라 삶 속에서 실제로 경험해야 할 대상이다.

어떻게 하면 날마다 삶 속에서 하나님의 구원을 경험할 수 있는가? 기도의 응답을 받으면 된다. 시편 기자는 이렇게 말한다. "환난 날에 나를 부르라 내가 너를 건지리니 네가 나를 영화롭게 하리로다"(시 50:15). 기도의 응답을 받으면 하나님의 건지심을 경험하게 되어 자신이 하나님의 자녀라는 것과 죽은 후 장차 천국에 들어간다는 확신이 흔들리지 않게 되는 것이다.

다윗이 어떻게 이스라엘 백성들이 블레셋 장군 골리앗 앞에서 벌벌 떨고 있을 때 적장 골리앗과 싸울 생각을 할 수 있었는가? 이미 하나님께서 자신을 사자의 발톱과 곰의 발톱에서 구원해주신 것을 경험했기 때문이다(삼상 17:37). 즉 삶 속에서 하나님의 구원을 경험했기 때문에 골리앗과 싸우면 이길 수 있다는 확신으로 맞서 싸운 것이다.

하나님의 구원을 현재적으로 경험하면 죄 사함을 받아 마귀의 자녀에서 하나님의 자녀가 되었다는 것과 장차 죽은 후 천국에 들어갈 수 있다는 것을 더욱 확신함으로 견고한 믿음을 가질 수 있고 환난의 때에도 승리하는 삶을 살아갈 수 있다.

3. 위치적 구원의 확신이 있는가?

앞서 살펴본 것처럼 구원의 확신은 크게 세 가지로 구분할 수 있다. 첫째는 죄 사함을 받아 마귀의 자녀에서 하나님의 자녀가 되었다는 확신, 즉 위치적 구원의 확신이다. 둘째는 하나님께서 세상의 모든 문제에서 건져주신다는 확신, 즉 경험적 구원의 확신이다. 셋째는 장차 죽은 후 천국에 들어간다는 확신, 즉 종말적 구원의 확신이다.

■ **위치적 구원은 어떻게 받는가?**

세 가지 구원의 확신 가운데 가장 먼저 가져야 할 확신은 위치적 구원의 확신이다. 왜 그런가? 이에 대한 확신이 없이는 경험적 구원의 확신과 종말적 구원의 확신을 가질 수 없기 때문이다.

어떻게 하면 위치적 구원을 받을 수 있을까?

"영접하는 자 곧 그 이름을 믿는 자들에게는 하나님의 자녀가 되는 권세를 주셨으니"(요 1:12).

"내가 진실로 진실로 너희에게 이르노니 내 말을 듣고 또 나 보내신 이를 믿는 자는 영생을 얻었고 심판에 이르지 아니하나니 사망에서 생명으로 옮겼느니라"(요 5:24).

"네가 만일 네 입으로 예수를 주로 시인하며 또 하나님께서 그를 죽은 자 가운데서 살리신 것을 네 마음에 믿으면 구원을 받으리라"(롬 10:9).

"그러므로 사람이 의롭다 하심을 얻는 것은 율법의 행위에 있지 않고 믿음으로 되는 줄 우리가 인정하노라"(롬 3:28).

위 구원과 관련한 구절들이 공통적으로 말하는 것은 무엇인가? 믿음으로 구원을 받는다는 것이다. 즉 예수께서 우리의 죄를 대신하여 십자가에 못 박혀 죽으시고 부활하신 사실, 즉 복음을 믿으면 죄 사함을 받고 마귀의 자녀에서 하나님의 자녀가 된다고 말씀하고 있다. 따라서 정말 복음을 믿으면 이미 죄 사함을 받아 마귀의 자녀에서 하나님의 자녀가 된 것이다.

- **어떻게 위치적 구원을 받은 것을 확신할 수 있는가?**

앞서 말한 대로 위치적 구원은 예수께서 우리의 죄를 대신하여 십자가에 못 박혀 죽으신 사실, 즉 복음을 믿음으로 받는다. 그런데 위치적 구원을 받았지만, 눈에 보이지 않기 때문에 이를 확신할 수 없다고 주장하는 자들이 있다. 심지어 혹자는 천국에 가야 알 수 있다고 한다. 정말 그럴까? 지금 당장이라도 이를 확인할 수 있다.

첫째로, 하나님의 말씀을 통하여 알 수 있다. 성경에는 구원이 미래에 완성될 것이라고 말씀하는 구절도 있지만(마 10:22, 24:13; 빌 2:12; 딤전 2:15), 상당수는 예수님을 믿는 순간 이미 받았다고 말씀하고 있다(요 5:24; 롬 8:24; 엡 2:5; 살후 2:13; 벧전 1:9; 요일 5:10-13). 따라서 하나님의 말씀을 통하여 이미 구원받은 것을 알 수 있다

둘째로, 성령님의 내적 증거를 통하여 알 수 있다. 우리가

예수님을 영접하면 성령께서 내주하셔서 하나님의 자녀인 것을 증거하신다. "성령이 친히 우리의 영과 더불어 우리가 하나님의 자녀인 것을 증언하시나니"(롬 8:16, 참조 고전 12:3). 따라서 성령님을 모신 자들은 자신이 이미 위치적 구원을 받은 것을 알 수 있다.

셋째로, 죄에 대해 민감한 삶을 통해서다. 구원받은 사람은 죄에서 건짐을 받았기 때문에 죄에 대하여 민감하게 반응할 수밖에 없다. 사도 바울은 예수님을 믿기 전에는 자신을 의롭다고 생각했지만, 구원받은 후에는 '죄인 중에 괴수'라고 고백했다(빌 3:6; 딤전 1:15). 죄를 범한 후 양심의 고통을 느끼고 회개하는 자는 구원받은 것이고, 그렇지 않다면 구원받지 못한 것으로 보아야 한다(참조, 롬 6:14).

넷째로, 삶의 변화를 통해서다. 예수님을 믿으면 마귀의 자녀에서 하나님의 자녀가 되기 때문에 삶의 변화가 일어나는 것은 지극히 당연하다(엡 4:22-24; 벧전 1:14-15; 벧후 1:4). 따라서 구원을 받았다고 하지만 삶의 변화가 전혀 없다면 구원을 의심해야 한다. 그런데 삶의 변화는 사람마다 차이가 있기 때문에 다른 사람만큼 변화가 크지 않다는 이유로 구원을 의심해서는 안 된다.

4. 현재적 구원을 경험하고 있는가?

하나님의 구원은 단지 우리를 죄에서 해방하여 마귀의 자녀에서 하나님의 자녀가 되게 하는 것에서 멈추지 않는다. 즉 위치적 구원으로 끝이 아니다. 구원받은 후에도 계속된다. 하나님의 자녀가 된 후 이 세상에서 살아가는 동안 계속해서 구원을 베푸신다. 이렇게 삶 속에서 받는 구원을 '현재적 구원' 또는 '경험적 구원'이라고 한다(시 50:15, 참조 약 5:15).

■ **모든 삶에서 현재적 구원을 경험할 수 있다**

하나님께서는 전능하시므로 해결해 주시지 못할 것이 없다. 삶의 모든 문제에서 건져주신다.

첫째로, 영적 전쟁에서 이기게 하신다. 마귀는 우리를 하나님께 빼앗겼기 때문에 우는 사자처럼 두루 다니며 삼킬 자를 찾고 있다. 그러나 우리의 힘으로는 마귀와 싸워 이길 수 없다. 하나님께서 이를 아시고 힘과 능력을 주셔서 이기게 하신다. 따라서 마귀와의 영적 전쟁을 두려워하지 말아야 한다. 바울은 하나님께서 우리를 악한 자인 마귀에게서 지키신다고 말한다(살후 3:3).

둘째로, 죄와 허물에서 건져주신다. 하나님께서는 우리의 연약함을 아시고 죄와 허물에서 건져주신다. 따라서 죄의 깊은 수렁에 빠졌을 때 주님께서 건져주실 것을 믿고 바라보아야 한다. 다윗이 "나를 모든 죄에서 건지시며 …"(시 39:8)라고 간구한 것은 이런 사실을 알았기 때문이다.

　셋째로, 악한 자에게서 건져주신다. 여기서 '악한 자'는 마귀가 아니라 악한 사람을 뜻한다. 세상은 구조적으로 악하기 때문에 우리는 악한 자들을 만나지 않을 수 없다. 그들과 엮이지 않는 것이 최선이지만, 본인의 의사와 무관하게 엮여서 고통을 당할 수도 있다. 그러나 조금도 걱정하지 않아도 된다. 주님께서 악한 자에게서 건져주시기 때문이다. 바울처럼 기도해야 한다. "또한 우리를 부당하고 악한 사람들에게서 건지시옵소서 하라 …"(살후 3:2).

　넷째로, 모든 환난과 고난에서 건져주신다. 이 세상을 살아가면서 환난과 고난을 당하지 않는 사람은 하나도 없다. 의롭게 살아도 당하고 죄를 범해도 당한다. 그런데 하나님께서는 환난과 고난을 당하는 이유와 상관없이 건져주신다. 전후 사방이 다 막혔어도 위로는 뚫려 있다. 환난과 고난은 하나님의 구원을 경험할 수 있는 좋은 기회다. 시편 기자처럼 고백할 날이 곧 다가온다. "의인은 고난이 많으나 여호와께서 그의 모든 고난에서 건지시는도다"(시 34:19, 107:13).

　하나님의 자녀가 삶 속에서 하나님의 구원을 경험하는 것은 지극히 당연하다. 만일 하나님의 구원을 경험하지 못하고 살아간다면 이는 마치 고아처럼 살아가는 것이다. 예수께서 우리를 이 세상에서 고아처럼 버려두시지 않겠다고 하셨고(요 14:18), 세상 끝날까지 우리와 함께하시겠다고 약속하셨다(마 28:20). 따라서 삶 가운데서 하나님의 구원을 경험해야 한다.

▪ 어떻게 현재적 구원을 경험할 수 있는가?

위치적 구원을 받았다고 삶 속에서 하나님의 구원을 자동으로 경험하는 것이 아니다. 몇 가지 선행 조건이 있다.

첫째로, 구원을 베푸실 것을 믿어야 한다. 주님께서는 우리의 믿음을 보시고 구원을 베푸신다. 시편 기자가 "구원은 여호와께 있사오니 주의 복을 주의 백성에게 내리소서"(시 3:8)라고 기도한 것은 하나님께서 구원을 베푸신다고 믿었기 때문이다. 예수께서 각종 질병과 귀신 들린 자들을 고쳐주실 때도 본인이나 다른 사람의 믿음을 보셨다(마 8:13, 9:2, 15:28, 눅 7:50, 8:48, 17:19, 18:42 등).

둘째로, 진심으로 회개해야 한다. 하나님의 구원은 회개한 자에게만 임한다. 그래서 예수께서도 구원을 베푸시기 전 먼저 회개를 요구하셨다(막 1:15, 참조 마 11:20). 지금 하나님의 구원이 필요한가? 그렇다면 무엇보다 먼저 회개해야 한다. 회개는 하나님의 구원을 부르는 비밀병기다. 다윗이 "여호와는 마음이 상한 자를 가까이하시고 중심으로 통회하는 자를 구원하시는도다"(시 34:18)라고 한 것은 회개를 통하여 하나님의 구원을 경험했기 때문이다.

셋째로, 간절히 기도해야 한다. 성경에는 기도하면 하나님께서 구원을 베푸신다는 약속(시 50:15, 55:16, 91:15 등)과 기도로 구원을 경험했다고 고백한 구절들이 많다(시 22:5, 34:4, 107:6 등). 기도와 하나님의 구원은 비례한다. 기도한 만큼 하나님의 구원을 경험할 수 있다. 당면한 문제로 염려하거나 두려워하지 말고 하나님께 부르짖어 간구함으로 하나님의 구원을 경험해야 한다.

넷째로, 겸손하고 온유해야 한다. 물이 위에서 아래로 흐르듯이 하나님의 구원도 낮은 자에게 임한다. 하나님께서는 겸손한 자에게 은혜를 베푸시고 교만한 자를 대적하신다(벧전 5:5). 시편 기자는 자신이 낮아졌더니 하나님께서 구원을 베푸셨다고 고백한다. "여호와께서는 순진한 자를 지키시나니 내가 어려울 때에 나를 구원하셨도다"(시 116:6, 참조 시 76:9).

다섯째로, 인내해야 한다. 하나님께서 작정하신 때에 구원을 베푸시므로 때가 이르기까지 기다려야 한다. 인내가 없이는 하나님의 구원을 경험할 수 없다. "너희에게 인내가 필요함은 너희가 하나님의 뜻을 행한 후에 약속하신 것을 받기 위함이라"(히 10:36). 지금까지 기도하지만, 하나님의 구원을 경험하지 못했는가? 그렇다면 조금만 더 기다려라. 하나님의 구원이 늦어질 때 유일한 방법은 조금만 더 기다리는 것이다.

위 다섯 가지 사항에 비추어 보면 현재적 구원을 경험하지 못하는 이유를 발견할 수 있다. 믿음으로 구하지 않거나, 회개가 빠졌거나, 간절히 기도하지 않거나, 교만하거나, 아직 때가 이르지 않았기 때문이다. 당신의 기도에 빠진 것은 무엇인가? 현재적 구원을 경험하고 싶다면 빠진 것을 찾아 실행에 옮겨야 한다. 그리하면 지금껏 경험하지 못했던 하나님의 구원을 경험하게 될 것이다.

5. 종말적 구원을 소망하고 있는가?

하나님께서는 우리를 마귀의 종에서 하나님의 자녀가 되게 하신 위치적 구원과 세상의 모든 환난에서 건져주시는 경험적 구원에서 멈추시지 않고, 죽은 후에도 천국에 들어가도록 구원을 베풀어주신다. 이 구원은 종말에 이루어지기 때문에 '종말적 구원'(미래적 구원)이라고 부른다. "주께서 나를 모든 악한 일에서 건져내시고 또 그의 천국에 들어가도록 구원하시리니 그에게 영광이 세세무궁토록 있을지어다 아멘"(딤후 4:18, 참조 살전 1:10).

▪ 종말적 구원을 지향해야 한다

살펴본 바와 같이 필자는 구원을 위치적 구원, 경험적 구원, 종말적 구원으로 구분하지만 실제로 셋은 분리할 수 없다. 왜냐하면 위치적 구원을 받고 삶 속에서 구원을 경험해도 마지막 날 천국에 들어가지 못하면 이미 받은 위치적 구원과 경험적 구원은 무의미하기 때문이다. 따라서 위치적 구원과 경험적 구원을 받은 것으로 만족하지 말고, 장차 마지막에 완성될 구원에 관심을 두어야 한다. 즉 종말적 구원에 초점을 맞추어야 한다.

사도 바울도 신앙의 방향이 종말적 구원을 향해야 할 것을 권면한다. "그러므로 나의 사랑하는 자들아 너희가 나 있을 때뿐 아니라 더욱 지금 나 없을 때에도 항상 복종하여 두렵고 떨림으로 너희 구원을 이루라"(빌 2:12, 참조 벧후 1:10-11; 살전 1:10). 그런데 우리의 현실은 어떠한가? 종말적 구원에 별로 관심을 두지 않는다. 우리가 종말적 구원에 관심을 두지 않는다는 것은 우리의 시선이 천국을 향하지 않고 이 세상을 향하고 있음을 뜻한다. 천국 백성인데 천국보다 이 세상에 관심을 두면 어떻게 될까? 세상 사람들과 추구하는 방향이 같아서 세상 사람과 별반 다른 것이 없다.

그리스도인은 위로부터 났기 때문에 이 세상에 소망을 두지 말고 천국에 소망을 두어야 한다. 바울은 골로새 교회에 보낸 편지에서 이렇게 권면한다. "그러므로 너희가 그리스도와 함께 다시 살리심을 받았으면 위의 것을 찾으라 거기는 그리스도께서 하나님 우편에 앉아 계시느니라 위의 것을 생각하고 땅의 것을 생각하지 말라"(골 3:1-2).

하나님께서는 처음부터 위치적 구원과 현재의 경험적 구원과 종말적 구원을 계획하셨다. 따라서 종말적 구원을 소망하지 않는 것은 하나님의 뜻에 거역하는 것이다. 위치적 구원과 경험적 구원의 울타리에서 벗어나서 종말적 구원의 장으로 나아가야 한다. 종말적 구원으로 시선을 돌리지 않으면 환난 시대에 믿음으로 살아갈 수 없다. 믿음의 선배들이 극한 환난과 핍박 중에서도 믿음으로 승리할 수 있었던 것은 종말적 구원을 향했기 때문이다.

■ 종말적 구원의 확신은 재림신앙을 지향한다

그리스도의 재림은 구약성경 중 17권에서 1,845회 언급하고 있고, 신약성경 중 23권에서 318회 언급할 정도로 성경의 주요 주제 중 하나이다. 따라서 장차 천국에 들어갈 것을 소망한다면 그리스도의 재림에 지대한 관심을 가져야 한다.

그런데 안타깝게도 말로는 주의 재림을 믿는다고 하지만, 실제로 그리스도의 재림에 관심을 쏟고 이를 갈망하며 살아가는 자를 찾아보기 힘들다. 이렇게 된 데는 나름대로 이유가 있다. 시한부 종말론으로 인해 상처를 받았기 때문이다. 그러나 그리스도의 재림을 한 순간이라도 소망하지 않으면 안 되는 이유가 있다. 그것만이 우리의 산 소망이기 때문이다.

사람들은 각자 소망을 갖고 살아간다. 혹자는 이 세상의 명예를, 혹자는 이 세상의 권력을, 혹자는 이 세상의 부귀를 간절히 기대한다. 그러나 이런 소망은 이루어지더라도 영원한 것이 아니고 시간이 지나면 사라지게 된다. 그래서 이 세상의 모든 소망은 산 소망이 아니다.

오직 주의 재림에 대한 소망만이 산 소망이다. 주의 재림은 사라지지 않고 영원하기 때문이다. 예수께서 재림하시는 이유는 영원히 우리와 함께하시기 위해서다. "너희는 마음에 근심하지 말라 하나님을 믿으니 또 나를 믿으라 내 아버지 집에 거할 곳이 많도다 그렇지 않으면 너희에게 일렀으리라 내가 너희를 위하여 거처를 예비하러 가노니 가서 너희를 위하여 거처를 예비하면 내가 다시 와서 너희를 내게로 영접하여 나 있는 곳에 너희도 있게 하리라"(요 14:1-3). 장차 천국에서 하나님과 영원히 함께할 것을 믿는다면 예수 그리스도의 재림에 대한 소망으로 살아가야 한다.

그러나 그리스도의 재림을 소망하며 살아가려면 먼저 해야 할 것이 있다. 항상 깨어 있는 것이다. 왜냐하면 주의 재림이 도적같이 임한다고 말씀하고 있기 때문이다(살전 5:2-3). 성경이 예수 그리스도의 재림과 관련하여 종종 '깨어 있으라'고 말씀하는 것은 바로 이 때문이다(마 24:42, 25:13; 막 13:32-37; 눅 21:36; 살전 5:6; 벧전 4:7, 5:8; 계 16:15).

종말적 구원을 확신하는가? 그렇다면 예수께서 곧 다시 오실 것을 믿는 재림신앙으로 충만해야 한다. "그러나 주의 날이 도둑같이 오리니 그 날에는 하늘이 큰 소리로 떠나가고 물질이 뜨거운 불에 풀어지고 땅과 그 중에 있는 모든 일이 드러나리로다 이 모든 것이 이렇게 풀어지리니 너희가 어떠한 사람이 되어야 마땅하냐 거룩한 행실과 경건함으로 하나님의 날이 임하기를 바라보고 간절히 사모하라 그날에 하늘이 불에 타서 풀어지고 물질이 뜨거운 불에 녹아지려니와 우리는 그의 약속대로 의가 있는 곳인 새 하늘과 새 땅을 바라보도다"(벧후 3:10-13).

6. 진짜 구원받았다면 전도자가 되어야 한다

모든 그리스도인은 세 가지 구원의 확신, 즉 이미 죄 사함을 받아 하나님의 자녀가 되었고, 삶 가운데서 구원을 베풀어주시고, 장차 천국에 들어간다는 확신을 가져야 한다. 그리고 세 가지 구원의 확신을 소유만 하지 말고 항상 깨어 세 가지 확신으로 살아야 한다.

■ 우리를 구원하신 것은 전도자로 부르신 것이다

세 가지 구원의 확신으로 살아간다는 것은 구원받은 자답게 살아간다는 의미다. 즉 하나님께서 구원하신 목적에 합한 삶을 살아간다는 뜻이다. 왜 하나님께서 우리를 구원하셨는가? 여러 가지가 있지만 가장 주된 이유는 복음을 전하도록 하기 위해서다.

베드로는 이를 분명히 밝히고 있다. "그러나 너희는 택하신 족속이요 왕 같은 제사장들이요 거룩한 나라 그의 소유가 된 백성이니 이는 너희를 어두운 데서 불러 내어 그의 기이한 빛에 들어가게 하신 이의 아름다운 덕을 선포하게 하려 하심이라"(벧전 2:9).

따라서 세 가지 구원의 확신이 있다면 마땅히 복음 전도사로 살아가야 한다. 그런데 우리의 현실은 어떠한가? 세 가지 확신, 즉 죄 사함을 받아 마귀의 자녀에서 하나님의 자녀가 되었고, 삶 속에서 하나님의 구원을 경험하고, 장차 천국에 들어갈 것을 확신하지만 실제로 복음을 전하지 않는 자들이 부지기수다.

이런 현상이 일어나는 이유는 무엇일까? 영혼 구원에 최우선 순위를 두지 않고 신앙생활을 하기 때문이다. 신앙생활에는 크게 다섯 가지 영역, 즉 예배, 전도, 기도, 교제, 봉사가 있다. 이 다섯 가지 요소는 집에 비유하면 기둥에 해당한다. 따라서 어느 하나라도 소홀히 해서는 안 된다. 그런데 다섯 가지 중에서 가장 중요한 것은 전도다. 전도를 위해서 예배도 드리고, 기도도 하고, 교제도 하고, 봉사도 해야 한다.

왜 그럴까? 예수께서 이 세상에 오신 것도, 교회를 세우신 것도 모두 전도를 위해서이기 때문이다. 따라서 공적 예배에 성실하게 참석하고, 새벽기도회와 금요기도회에 참석하여 열심히 기도하고, 교회의 궂은일을 마다하지 않고 봉사하고, 소그룹에서 성도들과 친밀한 교제를 나누고 있어도, 전도하지 않는다면 껍데기 신앙생활을 하는 것이다. 주님께서 우리를 구원하신 목적이 전도에 있기 때문에 정말 세 가지 구원을 확신한다면 영혼을 구원하는 일에 목숨을 걸어야 한다.

■ **어떻게 하면 복음 전도자로 살아갈 수 있는가?**

현대 그리스도인은 세 가지 구원을 확신하여도 대부분 복음을 전하지 않는다. 그러나 초대교회는 세 가지 구원을 확신하고서 세상에 나가 담대히 복음을 전했다. 초대교회의 전도 현장은 매우 척박했다. 오늘날 북한을 비롯한 몇몇 국가 외에는 복음을 전해도 공개적으로 핍박하거나 죽이지 않지만, 당시는 복음을 전하면 핍박을 당하고 심지어 목숨까지 잃었다.

그런데도 그들이 이를 감수하고 담대히 복음을 전할 수 있었던 이유는 무엇인가? 초대교회만이 가졌던 독특한 훈련 방법이 있었기 때문이다(초대교회의 전도훈련에 대하여는 〈그들은 어떻게 전도했는가〉(2019, 우리하나, 안창천)를 참조). "그들이 날마다 성전에 있든지 집에 있든지 예수는 그리스도라고 가르치기와 전도하기를 그치지 아니하니라"(행 5:42).

사도들이 날마다 성전에 있든지 집에 있든지 예수께서 그리스도라고 가르치고 전도하도록 훈련했다는 것이다. 그러자 성도들은 세상에 나가서 담대히 복음을 전하다가 핍박을 받고 순교하였다. 그들이 이렇게 죽음을 두려워하지 않고 담대히 복음을 전할 수 있었던 이유가 무엇일까? 예수께서 그리스도라고 가르치고 전하도록 반복해서 훈련하면 믿음이 충만해지고 죽음에 대한 두려움이 사라지기 때문이다.

왜 예수께서 그리스도라고 반복해서 가르치고 전하도록 훈련하면 이렇게 될까? 예수께서 그리스도이시라고 전하려면 반드시 예수께서 자신의 죄를 대신하여 십자가에 죽으시고 부활하셨다고 말해야 하는데 이를 반복하면 부활 신앙이 충만해지기 때문이다. 모든 사람이 죽음을 가장 두려워하지만, 죽어도 다시 살아날 것이 확실한데 무엇이 두렵겠는가?

그러면 사도들이 예수께서 그리스도라고 가르치기와 전도하기를 그치지 않았다는 것은 무슨 의미일까? 문자 그대로 "예수는 그리스도이시다"라고 했다는 것인가? 그렇지 않다. 그들이 무엇을 했는지를 알려면 그렇게 훈련받은 성도들이 어떻게 했는지를 봐야 한다.

앞서 언급했듯이 성도들은 훈련받은 후 핍박 가운데서도 세상에서 담대히 복음을 증거했다. 따라서 사도들이 성도들에게 날마다 예수는 그리스도라고 가르치고 전도하기를 그치지 않은 것은 그들이 복음을 전하고 가르치도록 훈련한 것이라는 것을 알 수 있다. 즉 사도들은 예수께서 마지막으로 '가서 제자 삼으라'고 당부하신 대로 성도들이 순종하도록 제자훈련을 한 것이다.

필자는 어떻게 하면 초대교회처럼 성도들이 담대히 복음을 전하게 할 수 있을지를 기도하던 중 초대교회 훈련 방법을 복원할 수 있었다. 초대교회가 예수는 그리스도라고 가르치도록 훈련했듯이 그와 동일하게 가르칠 수 있도록 훈련하게 만든 것이 '〈온가족튼튼양육〉(우리하나, 2007) 제1과(지금 구원받아야 합니다)'이고, 또한 초대교회가 예수는 그리스도라고 전하도록 훈련했는데 그와 동일하게 전도할 수 있도록 훈련하게 만든 것이 '3분복음메시지'이다. 따라서 이 두 가지를 반복하여 훈련하면 초대교회처럼 '가서 제자 삼으라'는 명령에 순종하게 된다.

03장
승리의 확신으로 살아가다

1. 왜 영적 전쟁이 불가피한가?

승리는 싸움을 전제한다. 즉 승리가 있다는 것은 싸움이 있다는 것이다. 싸움에는 육적인 것과 영적인 것이 있다. 두 싸움은 싸우는 상대가 다르다. 육적인 싸움은 사람을 상대로 하지만, 영적인 싸움은 마귀를 상대로 한다. 우리는 육적인 싸움이 아니라 영적인 싸움에서 이겨야 한다. 예수께서도 마귀와의 싸움에서 이기셨다.

- **마귀와 영적 전쟁은 피할 수 없다**

프랑스 최고의 작가인 빅토르 위고는 사람은 평생 세 영역의 싸움, 즉 자연환경, 다른 사람, 자기 자신과 싸워야 한다고 했다. 그러나 그리스도인은 이것들 외에 또 다른 싸움을 해야 한다. 그것은 마귀와의 싸움인 영적 전쟁이다.

왜 그리스도인은 마귀와 영적 전쟁을 해야 하는가? 이는 다음 두 구절을 보면 쉽게 알 수 있다.

"너희는 너희 아비 마귀에게서 났으니 너희 아비의 욕심대로 너희도 행하고자 하느니라 그는 처음부터 살인한 자요 진리가 그 속에 없으므로 진리에 서지 못하고 거짓을 말할 때마다 제 것으로 말하나니 이는 그가 거짓말쟁이요 거짓의 아비가 되었음이라"(요 8:44).

"영접하는 자 곧 그 이름을 믿는 자들에게는 하나님의 자녀가 되는 권세를 주셨으니"(요 1:12).

마귀와의 영적 전쟁이 불가피한 이유는 예수님을 믿기 전에는 영적으로 마귀의 종인데, 예수님을 영접함으로 하나님의 자녀가 되었기 때문이다. 즉 신분의 변화가 일어났기 때문이다. 어느 부모가 자기 자녀를 빼앗기고 가만히 있겠는가? 마귀가 잃어버린 자식을 되찾기 위해 공격하기에 영적 전쟁은 불가피하다.

따라서 그리스도인은 마귀와의 영적 전쟁을 당연한 것으로 생각해야 한다. 아브라함, 요셉, 모세, 다윗, 바울도 마귀와 영적 전쟁을 하였다. 예수께서도 마귀의 일을 멸하시기 위해 이 땅에 오셨기 때문에 공생애부터 십자가에 못 박혀 죽으시기까지 계속해서 마귀와 영적 전쟁을 하셨다(요일 3:8).

그러나 안타깝게도 마귀나 귀신이라는 말만 꺼내도 알레르기 반응을 보이는 그리스도인들이 부지기수다. 혹자는 강단에서 마귀와 귀신 이야기를 하면 아예 귀를 닫거나 설교 후에도 비판을 서슴지 않고 목회자를 이상한 눈으로 바라본다. 마귀를 어떻게 생각하는가? 철천지원수로 생각하고 싸워야 할 대상으로 생각하는가? 아니면 존재 자체를 인정하지 않기 때문에 싸움의 대상이 아니라고 생각하는가?

만일 후자라고 한다면 둘 중 하나에 속한다. 하나는, 아직 하나님의 자녀로 거듭나지 않은 것이다. 거듭나지 않은 자는 영적으로 마귀의 자녀이므로 마귀를 싸움의 대상으로 생각하지 않는다. 다른 하나는, 하나님의 자녀이지만 마귀에게 완전히 속은 것이다. 마귀는 교묘하게 자기를 적으로 생각하지 않게 하여 싸움을 하지 못하게 한다.

성경의 가르침에 귀를 기울여야 한다.

"믿는 자들에게는 이런 표적이 따르리니 곧 그들이 내 이름으로 귀신을 쫓아내며 새 방언을 말하며"(막 16:17).

"그런즉 너희는 하나님께 복종할지어다 마귀를 대적하라 그리하면 너희를 피하리라"(약 4:7).

"근신하라 깨어라 너희 대적 마귀가 우는 사자 같이 두루 다니며 삼킬 자를 찾나니 너희는 믿음을 굳건하게 하여 그를 대적하라 이는 세상에 있는 너희 형제들도 동일한 고난을 당하는 줄을 앎이라"(벧전 5:8-9).

■ 누구와 싸우고 있는가?

성경은 우리가 영적으로 싸워야 할 상대가 누구인지를 명확히 가르치고 있다. "마귀의 간계를 능히 대적하기 위하여 하나님의 전신 갑주를 입으라 우리의 씨름은 혈과 육을 상대하는 것이 아니요 통치자들과 권세들과 이 어둠의 세상 주관자들과 하늘에 있는 악의 영들을 상대함이라"(엡 6:11-12).

성경은 우리가 싸워야 할 대상이 '하늘에 있는 악의 영들'이라고 말한다. 따라서 우리는 마귀와 영적 전쟁을 해야 한다. 그런데 실제로는 주로 누구와 싸우고 있는가? 대부분 가까이 있는 사람들이다. 그러나 그들은 하나님께서 서로 사랑하라고 맺어주신 자들이다. 사람은 사랑의 대상이지 싸움이 대상이 아니다. 우리의 철천지원수는 오직 마귀뿐이다. 악한 빌라도도 평소 헤

롯과 원수지간이었지만 예수님을 처형하는 데는 그와 친구가 되지 않았는가(눅 23:12).

그런데 왜 그리스도인들이 마귀와 싸우지 않고 사람들과 싸울까? 이는 마귀의 어원적 의미를 살펴보면 알 수 있다. 마귀는 헬라어 '디아볼로스'를 한자로 번역한 것으로 '이간자, 비방자, 참소자'라는 뜻을 가진다. 따라서 마귀의 공격에 지면 이간과 비방이 일어나므로 다툼이 발생할 수밖에 없다. 하찮은 일로 가족 간에 다툼이 일어나고, 교회 안에 각종 분쟁이 발생하는 것은 대부분 마귀의 공격에 넘어갔기 때문이다.

필자가 서울 성동구에 소재한 ○○○○교회에서 사역할 때 경험한 일이다. 박미하 집사(현재 여주 외사리교회 전도사)가 제자훈련 시간에 간증한 것이 아직도 귀에 생생하다. 그녀의 남편은 성실한 공무원이고, 딸 둘은 전교에서 일이 등을 다툴 정도로 공부를 잘해서 주위 사람들의 부러움을 샀다. 그런데 실제로 집에서는 가족끼리 종종 다투고 있었기에 항상 마음이 아팠다고 한다.

그런데 어느 날 필자와 마귀론을 공부하면서 가족 간에 다툼이 있는 것은 마귀의 공격에 졌기 때문이라는 것을 알고서 그날 저녁 가족 모임을 갖고 이렇게 말했다고 한다. "오늘 안 목사님을 통해서 가족이 서로 다투는 것은 마귀의 공격에 졌기 때문에 일어난 것임을 깨달았다. 그동안 마귀에게 속아서 사랑해야 할 가족을 적으로 알고 다툰 것이다. 이제부터 서로 다툴 일이 있으면 마귀의 공격으로 알고 승리하자." 그 후로 한 번도 가족

간에 다툰 일이 없었다고 한다.

    지금 누구와 싸우고 있는가? 사람인가? 마귀인가? 아직도 사람과 싸우고 있다면 마귀에게 공격을 받아 넘어진 것이다. 이제 싸울 일이 있으면 마귀의 공격임을 알고 참아야 한다. 우리가 맞서 싸울 적은 오직 마귀뿐이다.

2. 무엇으로 영적 전쟁의 승패를 알 수 있는가?

영적 전쟁은 곧 마귀와의 싸움이다. 그런데 영적 전쟁은 일반적인 전쟁과 성격이 전혀 다르다. 무엇보다 일반 전쟁에서는 싸움의 대상이 보이지만 영적 전쟁에서는 보이지 않는다. 또 일반 전쟁에서 사용하는 무기와 영적 전쟁에서 사용하는 무기가 전혀 다르다. 또 일반 전쟁에서는 싸움의 결과를 쉽게 알 수 있지만, 영적 전쟁에서는 그렇지 않다. 과연 영적 전쟁에서 이기고 지는 것을 어떻게 알 수 있는가?

■ **말씀에 대한 태도가 영적 전쟁의 승패를 가른다**

필자가 십수 년 전, 새벽 설교를 마치고 기도하던 중 갑자기 이런 의문이 떠올랐다. '과연 마귀와 싸워서 이기는 것과 진다는 것은 어떤 의미인가?' 그래서 주님께 이에 대하여 여쭸다. 그러자 성령께서 에덴동산으로 가보라는 감동을 주셨다. 에덴동산에서 무슨 사건이 일어났는가? 하나님께서 아담에게 "동산 각종 나무의 열매는 네가 임의로 먹되 선악을 알게 하는 나무의 열매는 먹지 말라 네가 먹는 날에는 반드시 죽으리라"(창 2:16-17)고 하셨는데, 하와가 마귀의 유혹에 넘어가 이를 먼저 먹고, 아담에게 이를 건네자 아담도 먹었다.

아담이 하나님께서 금하신 선악과를 먹은 것은 두 가지 의미를 지닌다. 하나는 하나님의 명령에 순종하지 않은 것이고,

다른 하나는 마귀의 유혹에 넘어간 것이다. 이를 통하여 무엇을 깨달아야 하는가? 하나님의 명령에 순종하는 것은 영적 전쟁에서 승리하는 것이고, 불순종하는 것은 영적 전쟁에서 패배하는 것이다.

하나님의 말씀과 영적 전쟁은 불가분의 관계에 있다. 바울이 마귀와의 영적 전쟁을 언급하면서 "구원의 투구와 성령의 검 곧 하나님의 말씀을 가지라"(엡 6:17)고 말한 것은 이 때문이다. 영적 전쟁의 승패를 말하려면 반드시 하나님의 말씀에 대한 반응을 언급해야 한다. 즉 영적 전쟁에서 이긴 것을 말하려면 하나님의 말씀에 순종한 것을 말해야 하고, 영적 전쟁에서 진 것을 말하려면 하나님의 말씀에 불순종한 것을 말해야 한다.

그런데 우리는 어떠한가? 안타깝게도 영적 전쟁과 하나님의 말씀이 어떤 관계에 있는지를 모르고 있다. 그래서 어떤 현상이 벌어지고 있는가? 하나님의 말씀대로 살지 않으면서도 영적 전쟁에서 이기고 있다고 생각하는 사람들이 부지기수다. 이는 마귀에게 속아 착각하는 것이다. 말씀에 순종하지 않고 있다면 이미 영적 전쟁에서 패배한 것이다.

본서의 탈고를 한 주 앞둔 상황에서 평택길음교회의 D3양육부흥회 일정이 잡혀 있었기 때문에 갈 준비를 하고 있었다. 그런데 출발하기 두 시간 전, 그 교회 윤태영 목사로부터 전화가 걸려왔다. 평택시청에서 금번 D3양육부흥회가 코로나19로 인한 집합금지 명령에 위배되기에 불허한다는 것이었다.

그런데 이번 집회는 각 가정에서 성도들이 온라인으로 훈련을 받는 것이기 때문에 집합금지 명령을 위반하는 것이 아니다. 중앙재난대책본부와 경기도청과 평택시 3곳에 항의를 했지만 끝내 거절을 당했다. 공권력 행사가 도를 지나쳤다는 생각에 다소 화가 났지만, 주님의 뜻이 있다고 생각하고 10월로 일정을 연기하였다. 그리고 다소 시간이 늦었지만, 평소에 하던 대로 오후 기도회를 가졌다.

이카림 원장이 기도회에 참석하자마자 이렇게 말했다. "주님께서 이렇게 말씀하셨습니다. '평소 안 목사가 자주 인용하는 로마서 8장 28절 말씀처럼 하나님께서 모든 것을 합력하여 선을 이루실 것을 믿고 감사하라'고 하셨습니다. 그리고 '이런 상황에서 상대방에게 화를 내거나 원망과 불평을 하면 마귀와의 싸움에서 지는 것이다'라고 하셨습니다."

왜 부당하게 대우를 받는 상황에서 화를 내거나 불평과 원망을 하는 것이 마귀에게 지는 것인가?

"내 사랑하는 형제들아 너희가 알지니 사람마다 듣기는 속히 하고 말하기는 더디 하며 성내기도 더디 하라 사람이 성내는 것이 하나님의 의를 이루지 못함이라"(약 1:19-20).

"그들 가운데 어떤 사람들이 원망하다가 멸망시키는 자에게 멸망하였나니 너희는 그들과 같이 원망하지 말라"(고전 10:10).

성경이 어떤 상황에서도 화를 내거나 원망과 불평을 금하기 때문이다. 상대방의 잘잘못과 상관없이 화를 내거나 원망과 불평을 하는 것은 말씀에 불순종하는 것이고 마귀와의 싸움에서 패배하는 것이다.

■ 영적 전쟁에서 승리하고 있는가?

앞서 살펴본 대로 영적 전쟁에서 승리하고 패배하는 것은 말씀에 대한 태도에 따라 결정된다. 즉 말씀에 순종하면 영적 전쟁에서 승리한 것이고 불순종하면 패배한 것이다. 이를 기준으로 볼 때 영적 전쟁에서 이기고 있다고 생각하는가? 지고 있다고 생각하는가?

필자는 국내외에서 D3전도중심제자훈련 세미나를 인도할 때에 말씀에 대한 태도가 영적 전쟁의 승패를 좌우한다고 말하면서 종종 아래의 질문을 던진다. "영적 전쟁에 이기고 있다고 생각합니까? 아니면 지고 있다고 생각합니까?" 그러면 일부는 이기고 있다고 답하고, 일부는 지고 있다고 답한다. 그런데 대다수는 "이길 때도 있고 질 때도 있다"고 답한다. 즉 절반은 말씀에 순종하고 절반은 불순종한다는 뜻이다.

그들이 이렇게 대답하는 것은 성경에 나오는 명령을 다 같다고 생각하고 그중에서 지키는 것도 있고, 지키지 못하는 것도 있다고 생각하기 때문이다. 그런데 하나님의 명령이라고 다 같은 것이 아니다. 어떤 명령은 다른 명령에 우선하여 순종해야 할 것이 있다. 그래서 한 율법사가 예수께 어느 계명이 제일 크냐고 질문하자 예수께서 첫째는 하나님을 사랑하는 것이고 둘째는 이웃을 사랑하는 것이라고 말씀하셨다(마 22:35-40).

　그러면 신약성경에서 최고의 명령은 무엇인가? 그것은 예수께서 마지막으로 당부하신 '가서 제자 삼으라'는 것이다. 이는 주님의 유언적 명령이기에 반드시 순종해야 할 최고의 명령이다. 따라서 이 명령에 순종하지 않는다면 모든 말씀에 불순종하는 것이다.

　그런데 우리의 현실은 어떠한가? 대부분 예배당 중심으로 신앙생활을 하고 있지, 주의 명령대로 가서 복음을 전하고 가르쳐 제자 삼는 그리스도인은 거의 찾아볼 수 없다. 아무리 사역의 열매가 풍성해도 '가서 제자 삼으라'는 명령에 순종하지 않고 있다면 이는 불순종하는 것이다. 주님의 유언에 불순종하는 자를 어떻게 말씀에 순종하는 자라고 할 수 있겠는가?

　필자가 속초에서 목회자세미나를 인도한 적이 있는데 한때 강원도에서 가장 큰 교회였던 속초중앙교회를 사임하고 속초갈릴리교회를 개척하신 권태복 목사님이 참석하였다. 그분이 세미나에서 큰 도전을 받고 당회 앞에서 이렇게 말했다고 한다. "지금까지 나는 목회를 잘못했다. 주님께서 '가서 제자 삼으라'고 유언하셨는데 교인만 많이 모았지, 제자는 한 명도 만들지 못했다. 이제부터는 제자 삼는 목회를 하겠다." 얼마나 멋진 목사님인가?

　목회자이든 평신도이든 '가서 제자 삼으라'는 주님의 마지막 명령에 순종하고 있지 않으면 이는 마귀에게 패배한 것이다.

'가서 제자 삼으라'는 명령은 모든 그리스도인에게 하셨기 때문이다. 언제까지 마귀에게 패배한 자로 살아가려는가? 이제라도 늦지 않았다. 단 한 명이라도 제자 삼으므로 마귀와의 싸움에서 이겨야 한다.

3. 영적 전쟁에서 이기려면 지피지기해야 한다

'지피지기면 백전불태', 즉 상대를 알고 자신을 알면 백 번 싸워도 위태롭지 않다는 말이 있듯이 전쟁에서 승리하려면 상대방을 잘 알아야 한다. 마귀와의 싸움인 영적 전쟁도 이와 비슷하다. 이 전쟁에서 승리하려면 지피지기해야 한다. 즉 우리 자신이 어떤 자이고, 우리의 적인 마귀가 어떤 자인지를 알아야 한다. 일반적으로 영적 전쟁에서 패배하는 가장 주된 원인은 자신과 마귀가 각각 어떤 존재인지를 정확히 알지 못하기 때문이다.

■ 자신의 연약함을 깨달아야 한다

마귀와 영적 전쟁을 하기 전에 가장 먼저 자신이 어떤 자인지를 알아야 한다. 우리는 이 세상을 말씀 한마디로 창조하신 전능하신 하나님의 자녀이다. 그러나 이 세상에서는 육신을 입고 살아가야 한다. 이는 마귀의 공격을 받아 죄를 짓고 쉽게 넘어질 수 있는 연약한 존재라는 뜻이다.

이런 사실은 첫 사람 아담을 통해서 증명되었다. 아담은 하나님의 형상을 따라 지음을 받은 최고의 걸작품이었다. 하나님께서 아담에게 모든 피조물의 이름을 지을 수 있도록 하신 것은 그가 얼마나 대단한 존재인지를 보여준 것이다.

그런데 아담이 어떻게 되었는가? 마귀의 유혹을 받아 하나님께서 금하신 선악과를 먹음으로 모든 영광을 잃게 되었고 결국 에덴동산에서 쫓겨났다. 이는 하나님의 자녀가 대단한 존재이지만 자신의 힘과 능력으로는 마귀와 싸워서 이길 수 없는 연약한 존재라는 것이다.

자신이 얼마나 연약한 존재인지를 분명히 깨달아야 한다. 왜 그럴까? 이를 인정하지 않으면 주님께 도움을 청하지 않으므로 마귀와의 영적 전쟁에서 이길 수 없기 때문이다. 인간은 하나님과 절대적 의존 관계에 있으므로 한순간도 하나님의 은혜를 받지 못하면 넘어진다.

성경은 언제부터 사람들이 기도하기를 시작했는지를 말씀한다. "셋도 아들을 낳고 그의 이름을 에노스라 하였으며 그 때에 사람들이 비로소 여호와의 이름을 불렀더라"(창 4:26). 여호와의 이름을 불렀다는 것은 기도했다는 뜻인데, 사람들이 그렇게 한 것은 셋이 에노스를 낳은 후부터다. 에노스는 '사람, 죽을 수밖에 없는 자'라는 뜻이다. 즉 사람들이 스스로 죽을 수밖에 없는 약한 존재라는 것을 깨닫자 기도하기 시작한 것이다. 연약함을 깨닫는 것과 기도는 비례한다.

그런데 자신이 얼마나 연약한 존재인지를 깨닫는 것은 말처럼 쉬운 일이 아니다. 한계 상황에 부딪히기 전까지는 자신이 얼마나 무능하고 연약한지를 모른다. 그래서 주님께서는 전혀 예상치 못한 고난을 당하게 하셔서 연약함을 깨닫게 하신다. 고난을 당하기 전에 연약함을 깨닫고 주의 얼굴을 구하는 자가 지혜로운 자다.

예수께서는 우리의 죄를 사하시기 위해서만 십자가에 못 박히신 것이 아니다. 우리의 연약함을 담당하시고 질병을 짊어지시기 위해서다. "이는 선지자 이사야를 통하여 하신 말씀에 우리의 연약한 것을 친히 담당하시고 병을 짊어지셨도다 함을 이루려 하심이더라"(마 8:17). 따라서 자신의 연약함을 주님께 고백하고 도움을 청해야 한다.

■ **마귀의 공격 방법을 알고 대처해야 한다**

마귀는 하나님을 섬기고 명령에 순종해야 할 천사가 스스로 교만하여 하나님처럼 되려다가 타락한 자다(사 14:13-15; 유 1:6). 마귀는 '디아볼로스'(이간자, 미혹자)라고 하는데 이는 하나님과 인간을 이간하고 사람을 미혹하여 넘어뜨리기 때문에 붙여진 것이고, '사탄'(대적자)이라고도 하는데 이는 하나님을 대적하기 때문에 붙여진 것이다.

따라서 마귀와 사탄은 같은 존재다. 이는 예수께서 마귀의 시험을 물리치실 때 "… 사탄아 물러가라 …"(마 4:10)고 말씀하셨고, 사도 요한은 "… 마귀라고도 하고 사탄이라고도 하며 온 천하를 꾀는 자 …"(계 12:9)라고 말한 것을 통하여 확인할 수 있다.

이 밖에도 마귀는 '이 세상 임금'(요 12:31), '이 세상 신'(고후 4:4), '온 천하를 꾀는 자'(계 12:9), '어두움의 세상 주관자'(엡 6:12), '미혹의 영'(요일 4:6), '시험하는 자'(마 4:3), '거짓말쟁이'(요 8:44), '거짓의 아비'(요 8:44), '처음부터 살인한 자'(요

8:44), '악의 영'(엡 6:12) 등으로 불리고 있다.

마귀가 이렇게 불린다는 것은 무엇을 의미하는가? 마귀는 영적 존재로서 이 세상에서 활동한다는 것이다. 마귀의 활동 무대는 이 세상이다. 즉 이 세상에서 우리를 공격한다. 마귀는 어떻게 공격하는가? 그가 첫 사람 아담을 공격한 방법으로 공격한다. 따라서 마귀가 어떻게 첫 사람 아담(하와)을 공격했는지를 살펴보면 어떻게 대처해야 하는지를 알 수 있다.

마귀는 하와에게 "… 너희가 그것을 먹는 날에는 너희 눈이 밝아져 하나님과 같이 되어 선악을 알 줄 하나님이 아심이니라"(창 3:5)고 유혹하였다. 하와가 이 말을 듣고 나서 선악을 알게 하는 나무의 실과를 보았더니 먹음직도 하고 보암직도 하고 지혜롭게 할 만큼 탐스러웠다(창 3:6).

하와가 선악과를 보았을 때 먹음직했다는 것은 육신의 정욕에 유혹당한 것이고, 보암직했다는 것은 안목의 정욕에 유혹당한 것이고, 지혜롭게 할 만큼 탐스러웠다는 것은 이생의 자랑에 유혹당한 것이다. 즉 마귀는 세 가지, 즉 육신의 정욕, 안목의 정욕, 이생의 자랑을 통해서 우리를 공격한다.

마귀가 이처럼 세 가지를 통하여 공격하는 이유는 무엇인가? 육신을 가진 사람은 세 가지 시험을 받으면 스스로 물리칠 수 없다는 것을 알고 있기 때문이다. 그렇다. 우리의 힘과 능력으로는 이 세 가지 유혹을 물리칠 수 없다. 그래서 첫 사람 아담 이래 모든 사람이 마귀의 유혹에 넘어가는 것이다.

어떻게 하면 마귀의 세 가지 유혹을 이길 수 있는가? 성령의 도우심을 받아야 한다. 예수께서 아담처럼 마귀에게 세 가지 시험을 받으셨어도 물리치셨던 것은 성령으로 충만하셨기 때문이다. 마귀와의 영적 전쟁에서 이기는 길은 우리의 연약함을 고백하고 성령의 충만을 구하는 것이다.

마귀는 자기 때가 얼마 남지 않은 것을 알고서 세 가지 방법을 동원해서 우리를 무섭게 공격하고 있다. 그러나 아무것도 걱정하지 않아도 된다. 마지막 때에 모든 사람에게 성령을 부어주신다고 약속하신 대로 성령께서 오셨기 때문이다(욜 2:28-29; 행 2:4). 누구든지 성령 충만하면 마귀의 공격을 넉넉히 이길 수 있다.

4. 영적 전쟁에서 승리하려면 무기를 잘 다뤄야 한다

아담 이래 모든 사람은 마귀와의 싸움인 영적 전쟁에 패배했다. 그런데 예수께서는 공생애 동안 마귀의 공격을 받으셨지만 물리치셨다. 오직 예수님만 영적 전쟁에서 승리하셨다. 예수께서 마귀와의 싸움에서 이기신 것은, 그분만의 승리가 아니라 우리도 마귀와의 싸움에서 이길 수 있다는 것을 보여주신 것이다. 예수께서는 마귀의 공격을 물리치실 때 두 가지 무기를 사용하셨다.

■ 첫째로, 하나님의 말씀으로 마귀의 유혹을 물리치셨다

예수께서는 마귀가 시험할 때마다 구약성경을 인용하여 물리치셨다(마 4:4,7,10). 왜 예수께서 마귀에게 공격을 받으셨을 때 말씀을 사용하셨는가? 마귀는 하나님의 말씀에 순종하지 못하도록 공격한다는 것을 아셨기 때문이다. 마귀의 유혹은 한마디로 하나님의 말씀에 순종하지 못하게 하는 것이다. 따라서 마귀의 공격을 물리치기 위해서는 말씀을 사용해야 한다. 말씀은 영적 전쟁을 승리로 이끄는 최고의 무기이다(엡 6:17).

아담과 하와가 마귀의 유혹을 물리치지 못하고 하나님께서 금하신 선악과를 먹게 된 이유가 있다. 그것은 그들이 가진 영적 무기인 하나님의 말씀을 사용하지 않았기 때문이다. 만일 그들이 마귀의 유혹을 받았을 때 "… 동산 각종 나무의 열매는 네가 임의로 먹되 선악을 알게 하는 나무의 열매는 먹지 말라 …"(창 2:16-17)는 하나님의 말씀을 사용했다면 마귀의 유혹에 넘어가지 않았을 것이다.

여기서 한 가지 생각해야 할 것이 있다. 예수께서 마귀가 시험할 때마다 그에 합당한 말씀을 사용하셨는데 어떻게 그것이 가능할 수 있었느냐는 것이다. 두 가지 경우가 가능하다. 하나는 마귀의 유혹을 듣고 이를 대적할 성경 구절을 찾다가 발견해서 사용하셨다는 것이고, 다른 하나는 마귀의 말을 듣자마자 곧바로 그에 맞는 말씀을 사용하셨다는 것이다. 당연히 후자이다. 예수께서 마귀의 공격을 받으시고 곧바로 말씀을 사용하셨기 때문이다.

예수께서 이렇게 마귀가 시험할 때마다 즉시 말씀을 사용하실 수 있었던 것은 평소 하나님의 말씀을 자주 읽고 암송하여 마음 판에 새겨놓으셨기 때문이다. 따라서 우리도 성경을 단지 읽거나 듣지만 말고 암송하여 머리에 새기고 묵상하여 마음 판에 새겨야 한다(시 1:1-2).

성경에 등장하는 믿음의 사람들이 마귀의 공격에 승리할 수 있었던 것도 모두 평소에 말씀을 마음 판에 새겼기 때문이다. 이런 사실을 어떻게 알 수 있는가? 구약성경에서 마귀의 공격을 많이 받은 사람을 들라면 누구나 욥과 다윗을 말할 것이다. 욥이 평소 마음 판에 하나님의 말씀을 새긴 것을 어떻게 알 수 있는가? 그가 데만 사람 엘리바스의 말을 듣고 대답한 것을 보면 알 수 있다. "내가 그의 입술의 명령을 어기지 아니하고 정한 음식보다 그의 입의 말씀을 귀히 여겼도다"(욥 23:12).

다윗이 평소 말씀을 마음 판에 새긴 것을 어떻게 알 수 있는가? 그가 언약궤를 성으로 들여와 장막을 치고 번제와 화목제를 하나님께 드린 후 백성을 축복하면서 한 말을 보면 알 수 있다. "너희는 그의 언약 곧 천대에 명령하신 말씀을 영원히 기억할지어다"(대상 16:15). 이 말은 말씀을 마음 판에 새겨서 항상 간직하고 있으라는 뜻이다. 또 그는 주님께 이렇게 고백했다. "내가 주께 범죄하지 아니하려 하여 주의 말씀을 내 마음에 두었나이다"(시 119:11).

그런데 하나님의 말씀을 마음 판에 새기려면 암송과 묵상을 해야 하므로 실제로 그렇게 하기란 쉽지 않다. 그래서 필자는 어떻게 하면 모든 그리스도인이 하나님의 말씀을 마음 판에 새겨 마귀와의 싸움에서 이기게 할 수 있을지를 가르쳐달라고 오랫동안 간구하였다. 그리고 그 방법을 찾았다.

그것은 마귀에게 어떤 공격을 받아도 예수께서 그리스도이시라고 고백하는 것이다. 왜 그럴까? 성경 전체가 예수께서 그리스도이심을 증거하므로 예수께서 그리스도이시라고 고백한다는 것은 마귀의 공격에 하나님의 말씀을 사용하는 것이기 때문이다. 오직 예수께서 모든 시험에서 건지시는 구원자라고 고백하는데 어떻게 영적 전쟁에서 패배하겠는가?

■ **둘째로, 간절한 기도로 마귀의 시험을 물리치셨다**

마귀의 시험을 이기기 위해서 기도는 절대적이다. 하나님의 말씀으로 무장해도 기도하지 않으면 영적 전쟁에서 이길 수 없다. 우리의 힘과 능력으로는 마귀와 싸워 이길 수 없기 때문이다. 하나님께서는 우리가 기도할 때에 능력을 부어주신다. "천사가 하늘로부터 예수께 나타나 힘을 더하더라"(눅 22:43). 예수께서 제자들에게 시험에 들지 않도록 기도하라고 말씀하신 것은 바로 이 때문이다(마 26:41). 우리가 연약하지만 기도하면 하나님께서 힘과 능력을 주셔서 마귀와의 싸움에서 이기게 하신다.

그런데 기도한다고 무조건 마귀의 시험을 이길 수 있는 것이 아니다. 하나님께서 원하시는 기도의 분량을 채워야 한다. 이런 사실은 예수께서 겟세마네 동산에서 기도하시던 중에 제자들에게 가셔서 말씀하신 것을 통하여 알 수 있다. "제자들에게 오사 그 자는 것을 보시고 베드로에게 말씀하시되 너희가 나와 함께 한 시간도 이렇게 깨어 있을 수 없더냐"(마 26:40).

여기서 예수께서 제자들에게 한 시간도 깨어 있을 수 없더냐고 책망하신 것에 주목해야 한다. 예수께서 이렇게 제자들을 책망하신 것은 그들이 전혀 기도하지 않았기 때문이 아니라 너무 피곤한 나머지 한 시간을 기도하지 않고 잠을 잤기 때문이다. 그래서 베드로는 실패한 과거를 기억하면서 "근신하라 깨어라 너희 대적 마귀가 우는 사자 같이 두루 다니며 삼킬 자를 찾나니 너희는 믿음을 굳건하게 하여 그를 대적하라"(벧전 5:8-9)고 권한 것이다.

예수께서 겟세마네 동산에서 한 시간 이상을 깨어 기도하심으로 마귀의 시험을 이시기고 십자가를 지실 수 있었듯이 우리도 한 시간 이상 깨어 기도해야 마귀의 시험을 물리칠 수 있다. 마귀는 우리가 한 시간 기도에 성공하지 못하면 자신이 영적 전쟁에서 이긴다는 것을 알기 때문에 이런저런 이유를 핑계로 기도하지 못하게 한다. 혹 마귀의 공격을 받아 여러 가지로 힘들고 어려운 상황인가? 당장 한 시간 이상 기도할 것을 강력히 권면한다.

이처럼 하나님께서 영적 전쟁에서 승리할 수 있도록 우리에게 두 가지 무기, 즉 하나님의 말씀을 사용하고 기도할 수 있는 권리를 주셨기 때문에 이를 사용해야 한다. 하나님께서 주신 권리는 믿음으로 사용할 때만 보장을 받는다. 두 가지 권리를 갖고 있어도 사용하지 않으면 결코 영적 전쟁에서 승리할 수 없다. 예수께서 그리스도이심을 날마다 고백하고 한 시간 이상 기도하면 마귀의 공격을 받아도 넉넉히 이길 수 있다.

5. 세 가지를 주의해야 영적 전쟁에서 승리할 수 있다

앞서 살핀 대로 두 가지 무기를 잘 사용한다고 영적 전쟁에서 무조건 승리하는 것은 아니다. 영적 전쟁에서 이기려면 주의해야 할 것이 세 가지 있다. 욥이 마귀의 공격을 받아 하루아침에 열 자녀와 모든 재산을 잃고, 머리부터 발끝까지 악창이 나서 기왓장으로 긁는 재앙을 당했어도 시험에 들지 않았던 것은, 그가 세 가지 주의사항을 지켰기 때문이다.

▪ 첫째로, 전혀 원망하지 말아야 한다

일반적으로 사람들은 뜻하지 않은 재앙을 당하면 원망부터 쏟아낸다. 그러나 욥은 세 가지 재앙을 당했을 때 입 밖으로 원망을 전혀 쏟아내지 않았다. "그가 이르되 그대의 말이 어리석은 여자의 말 같도다 우리가 하나님께 복을 받았은즉 화도 받지 아니하겠느냐 하고 이 모든 일에 욥이 입술로 범죄하지 아니하니라"(욥기 2:10, 참조 욥기 1:22). 어떻게 욥이 세 가지 재앙을 당했을 때 하나님을 원망하지 않을 수 있었을까? 그가 한 말을 통하여 알 수 있다. 욥은 복을 받았기에 재앙을 받는 것도 당연하다고 생각했다. 그가 이렇게 생각한 것은 하나님의 절대주권을 인정한 것이다. 그러나 뜻밖의 재앙을 당할 때 하나님의 절대주권을 인정하고 원망을 쏟아내지 않는 것은 말처럼 쉬운 것이 아니다. 더군다나 욥처럼 하나님을 경외하고 악에서 떠난 삶을 살고 있는데 재앙을 당하면 더욱 그렇다.

그러나 마귀가 어떤 재앙으로 공격해도 원망하지 않고 이길 수 있는 비법이 있다. 하나님께서 모든 것을 합력하여 선을 이루신다는 것을 믿으면 된다. 하나님께서는 모든 것을 섭리하시므로 우리가 당한 화를 복으로 바꾸실 수 있다. 하나님께서 욥이 당한 세 가지 재앙을 어떻게 바꾸셨는가? 욥이 귀로만 듣던 하나님을 눈으로 보게 하셨고(욥 42:5), 말년에 배나 더하는 물질의 복을 받게 하셨고(욥 42:10), 열 자녀를 다시 낳게 하셨고(욥 42:13), 그 후로 140년을 더 살게 하셨다(욥 42:16).

광야는 인간이 편안하게 살 수 있는 곳이 아니다. 상시 불편함이 떠나지 않는 곳이다. 이스라엘 백성들이 광야에서 하나님을 원망한 것은 어쩌면 당연하다고 할 수 있다. 그러나 하나님께서는 광야에서 원망한 자들을 모두 멸망시키셨다(고전 10:10). 왜 하나님께서 이토록 원망을 싫어하실까? 그것은 하나님을 주인으로 인정하지 않겠다는 의사표시이기 때문이다.

일반적으로 사람들이 언제 원망하는가? 자기 마음대로 되지 않을 때다. 그런데 인생의 주인은 자신이 아니라 하나님이시기 때문에 자기 마음대로 되지 않는 일을 만나는 것은 지극히 당연하다. 혹 뜻밖의 재앙을 만나면 그것을 통해서 하나님께서 어떻게 하실지에 관심을 두어야 한다. 마귀의 공격을 받아 어려운 상황에 놓였다고 원망하는 것은 하나님께서 자신의 주인이 아니라고 항변하는 것이다.

마귀는 하나님께서 원망을 가장 싫어하신다는 것을 알기 때문에 수단과 방법을 가리지 않고 원망하도록 공격을 한다. 따라서 모든 원망의 배후에는 마귀가 자리하고 있음을 알고 원망하려는 순간 즉시 멈춰야 한다. 그리고 하나님께서 모든 것을 섭리하셔서 최고의 것을 주실 것을 믿고 감사해야 한다.

■ **둘째로, 끝까지 참아야 한다**

욥은 하루아침에 모든 재산을 잃었고, 열 자녀를 잃었고, 온 몸에 악창이 나서 긁을 정도로 고통을 당하는 시험을 당했다. 그런데 이렇게 세 가지 시험을 당하면서도 하나님을 끝까지 원망하지 않았다(욥 2:10). 우리라면 이 세 가지 시험 중 하나만 당해도 하나님을 원망했을 것이다. 예를 들어, 가진 소유를 다 잃었다면 원망하지 않을 사람이 어디 있겠는가? 재산의 일부만 잃었어도 원망했을 것이다. 또 모든 자녀를 잃었다면 원망하지 않을 사람이 어디 있겠는가? 열 자녀 중 하나만 잃었어도 원망했을 것이다. 또 정수리부터 발바닥까지 종기가 나서 질그릇 조각으로 몸을 긁는 상황이라면 원망하지 않을 자가 어디 있겠는가? 몸의 일부라도 기왓장으로 긁는 상황이라면 원망했을 것이다.

그런데 욥이 이 세 가지 재앙을 한 번에 모두 당한 것이 아님을 알아야 한다. 첫 번째와 두 번째 재앙은 거의 동시에 일어났다(욥 1:13-19). 그런데 세 번째 재앙은 앞의 두 재앙과는 시간적으로 간격이 있다. 그리고 그사이에도 크고 작은 고통을 당했을 것이다. 당시 동방에서 으뜸가는 부자가 하루아침에 모든 자녀를 잃고 모든 재산을 날렸으니 얼마나 고통이 컸겠는가? 그러나 욥은 어떤 상황에서도 하나님을 원망하지 않았다.

욥이 이렇게 끝까지 시험을 참을 수 있었던 비결은 무엇일까? 물론 욥의 사례는 예수 그리스도께서 십자가에 못 박혀 죽기까지 참으신 것을 예표한다. 그런데 욥이 이렇게 끝까지 원망하지 않을 수 있었던 데는 나름대로 이유가 있다. 그것은 욥이 평소 하나님을 경외하는 삶을 살았기 때문이다. "우스 땅에 욥이라 불리는 사람이 있었는데 그 사람은 온전하고 정직하여 하나님을 경외하며 악에서 떠난 자더라"(욥 1:1).

하나님을 경외하며 악에서 떠났다는 것은 하나님의 절대주권을 인정하고 그분의 뜻에 반하지 않는 삶을 살았다는 뜻이다. 우리도 평소 이런 삶을 살면 어떤 상황에서도 하나님을 원망하지 않고 참을 수 있다. 생각은 행동을 낳고, 행동은 습관을 낳고, 습관은 성격을 낳고, 성격은 운명을 낳는다. 원망도, 감사도, 인내도 습관이다. 한 번 참으면 두 번 참을 수 있고, 두 번 참으면 세 번 참을 수 있고, 세 번 참으면 끝까지 참을 수 있다.

마귀의 모든 시험을 끝까지 참아야 한다. 도중에 지면 처음부터 진 것이나 마찬가지이다. 예수께서 마귀에게 세 번이나 시험을 당하셨지만, 끝까지 참으셨고, 베드로에게 "… 이것까지 참으라 …"(눅 22:51)라고 하셨고, 십자가에 못 박혀 운명하시기까지 참으셨다. 끝까지 참지 못하면 영적 전쟁에서 승리할 수 없다.

인내가 없이는 하나님의 약속을 받을 수 없다(히 10:36).

■ **셋째로, 생각의 단계에서 물리쳐야 한다**

욥기를 통하여 알 수 있듯이 욥이 세 가지 재앙을 당하게 된 것은 하나님께서 사탄과 대화하시는 과정에서 결정되었다. 즉 사탄이 하나님께서 욥을 자랑하시는 말을 듣고서 욥이 이유 없이 하나님을 경외하는 것이 아니라 그에게 소유물을 많이 주셨기 때문이라고 하자, 하나님께서 욥의 목숨만 건드리지 말고 마음대로 하라고 허락하셨기 때문에 세 가지 재앙을 당한 것이다(욥 1:6-2:8).

그러나 욥은 자신이 세 가지 재앙을 당하게 된 이유를 이렇게 말한다. "내가 두려워하는 그것이 내게 임하고 내가 무서워하는 그것이 내 몸에 미쳤구나"(욥 3:25). 무슨 말인가? 욥이 평소 세 가지 재앙에 대한 두려움과 무서움이 있었는데 그것이 현실이 되었다는 것이다. 즉 욥이 세 가지 재앙을 당하게 된 것은 욥이 그렇게 생각한 결과라는 것이다.

이렇게 욥이 세 가지 재앙을 당하게 된 이유와 관련하여 욥기 1-2장에서 말한 것과 욥이 직접 말한 것이 다른 것을 어떻게 이해해야 할까? 이는 서로 상충하는 것이 아니라 사탄이 하나님의 허락을 받은 후에 욥에게 세 가지 재앙이 임한다는 두려운 생각을 갖게 하였더니 현실이 되었다는 것이다. 즉 생각은 마귀가 사용하는 공격무기라는 것이다.

성경은 두려움은 하나님께서 주시는 것이 아니라고 말씀한다. "하나님이 우리에게 주신 것은 두려워하는 마음이 아니요 오직 능력과 사랑과 절제하는 마음이니"(딤후 1:7). 하나님께서 우리에게 두려움을 주시지 않는 것은 두려운 마음이 들면 하나님을 바라보지 않기 때문이다. 이유를 불문하고 두려운 생각이 엄습하면 마귀의 공격으로 알고 즉시 물리쳐야 한다.

성경은 가룟 유다가 예수님을 팔게 된 이유를 이렇게 말한다. "마귀가 벌써 시몬의 아들 가룟 유다의 마음에 예수를 팔려는 생각을 넣었더라"(요 13:2). 만일 마귀가 가룟 유다의 마음에 이런 생각을 넣으려고 할 때 가룟 유다가 즉시 물리쳤다면 어떻게 되었을까? 예수님을 팔지 않았을 것이다.

마귀는 우리의 생각을 공격해서 하나님의 말씀에 순종하지 않고 마귀의 생각에 따르게 한다. 마귀가 일단 그의 생각을 우리에게 넣으면 거의 성공한 것이나 다름없다. 이미 살펴보았듯이 생각은 행동하게 하는 힘을 갖고 있어서 마귀가 넣어 준 생각대로 행동하여 말씀에 순종하지 않기 때문이다. 따라서 영적 전쟁에서 이기려면 반드시 생각의 단계에서 마귀의 공격을 물리쳐야 한다.

6. 왜 마귀의 공격을 두려워하지 않아도 되는가?

마귀는 우리의 호흡이 멈추는 순간까지 우리에 대한 공격을 멈추지 않는다. 우는 사자가 두루 다니며 삼킬 자를 찾듯이 우리를 공격하므로 언제 어떻게 다가올지 전혀 예측할 수 없다. 욥처럼 세 가지 재앙을 당할는지도 모른다. 어쩌면 그보다 더한 시험을 당할는지도 모른다. 그러나 마귀가 어떤 공격을 해도 전혀 두려워하지 않아도 된다. 크게 세 가지 이유에서다.

■ **첫째로, 주께서 감당할 수 있는 시험만 허락하시기 때문이다**

예수께서 제자들에게 "참새 두 마리가 한 앗사리온에 팔리지 않느냐 그러나 너희 아버지께서 허락지 아니하시면 그 하나도 땅에 떨어지지 아니하리라"(마 10:29)고 말씀하셨다. 이는 이 세상의 모든 일이 하나님의 허락 없이는 일어나지 않는다는 뜻이다. 따라서 마귀가 공격하는 것도 하나님의 허락이 없이는 이루어지지 않는다. 욥이 세 가지 재앙을 당한 것도 하나님께서 허락하셨기 때문이고(욥 1:12, 2:6), 예수께서 마귀에게 시험을 당하신 것도 하나님께서 허락하셨기 때문이고(마 4:1), 우리가 시험을 당하는 것도 하나님께서 허락하시기 때문이다.

그런데 왜 하나님께서 마귀가 우리를 시험하도록 허락하시느냐는 것이다. "사람이 감당할 시험 밖에는 너희에게 당한 것이 없나니 오직 하나님은 미쁘사 너희가 감당하지 못할 시험 당함을 허락하지 아니하시고 …"(고전 10:13). 시험에는 하나님께서 주시는 시험과 마귀가 주는 시험이 있는데, 여기서는 마귀가 주는 시험, 즉 유혹을 뜻한다. 무슨 말씀인가? 우리가 감당할 만하기 때문에 마귀가 우리를 시험하도록 허락하신다는 것이다.

우리가 자기 자신을 아는 것보다 하나님께서 우리를 더 잘 아신다. 하나님께서 보시기에 우리가 감당할 만한 시험이라면 능히 이길 수 있다. 이는 이미 욥을 통하여 알고 있지 아니한가? 욥이 당한 세 가지 재앙은 누가 봐도 감당할 수 있는 것이 아니다. 그런데 하나님께서 욥이 감당할 만하다고 생각하시고 허락하셨기 때문에 시험을 이길 수 있었다. 따라서 뜻하지 않은 시험을 만나면 불평과 원망을 하지 말고, 그런 시험을 감당할 만하다고 인정해 주신 하나님께 감사해야 한다.

지금 어떤 상황에 놓여 있는가? 혹 감당할 수 없을 만큼 힘든 상황인가? 그래서 하나님을 원망하고 있지는 아니한가? 그렇다면 마귀에게 속은 것이다. 하나님께서 감당할 만하다고 생각하셨기에 현재의 고난을 허락하신 것이다. 하나님께서 인정하셨는데 스스로 인정하지 않는다는 것은 불신앙이다.

- **둘째로, 주께서 피할 길을 주시기 때문이다**

욥은 마귀의 공격으로 세 가지 재앙을 받아 인생의 치명타를 입었고 회복은 거의 불가능해 보였다. 그러나 하나님께서는 그의 말년에 배나 더하는 복을 받게 하셨고 140년을 더 살게 하셨다. 어떻게 이런 일이 일어났는가? 하나님께서 욥에게 피할 길을 주셨기 때문이다. 바울은 고린도교회에 보낸 편지에서 이렇게 말한다. "… 시험 당할 즈음에 또한 피할 길을 내사 너희로 능히 감당하게 하시느니라"(고전 10:13). 하나님께서는 어떤 시험을 당했어도 피할 길을 내신다.

'인간의 마지막이 하나님의 시작이다'라는 말이 있듯이, 우리가 마귀의 공격으로 아무것도 할 수 없게 되면 하나님께서 일을 시작하신다. 즉 전혀 예상치 못한 기적을 행하셔서 피할 길을 내신다. 이스라엘 백성들이 광야에서 위험한 상황에 놓일 때마다 하나님께서 건져주시고 피할 길을 내셨다. 하나님께서 광야에서 피할 길을 내시지 않았다면 그들은 모두 광야에서 죽었을 것이다.

이 세상은 광야와 같으므로 언제 어떤 일을 당하는지 알 수 없다. 욥처럼 마귀의 공격을 받아 회복이 불가능한 상황을 맞이할 수도 있다. 그러나 조금도 두려워하지 않아도 된다. 하나님께서 그분의 방법으로 피할 길을 여시기 때문이다. 하나님께서 우리를 자녀로 삼아주셨기 때문에 마귀의 공격을 받아 생을 비참하게 마감하도록 버려두시지 않고 반드시 피할 길을 내신다.

지금 죽고 싶을 정도로 어려운 상황인가? 그러나 조금도 두려워하지 말아야 한다. 하나님께서는 우리가 어떤 상황에 있든지 새 일을 행하셔서 피할 길을 내실 수 있기 때문이다. 하나님께서는 무에서 유를 창조하시고 광야에 길을 내시고, 사막에 강들을 내어 마시게 하시는 창조주 하나님이시다. "내가 새 일을 행하리니 이제 나타낼 것이라 너희가 그것을 알지 못하겠느냐 반드시 내가 광야에 길을 사막에 강을 내리니 장차 들짐승 곧 승냥이와 타조도 나를 존경할 것은 내가 광야에 물을 사막에 강들을 내어 내 백성. 내가 택한 자에게 마시게 할 것임이라 이 백성은 내가 나를 위하여 지었나니 나를 찬송하게 하려 함이니라"(사 43:19-21).

- **셋째로, 주께서 시험을 이기도록 능력을 주시기 때문이다**

하나님께서는 우리가 시험당할 때 피할 길만 내시지 않고, 그 시험을 이길 수 있는 능력도 주신다. 하나님께서 그렇게 하시는 이유는 우리에게 시험을 이길 수 있는 능력이 없다는 것을 아시기 때문이다. 욥이 마귀의 시험으로 세 가지 재앙을 당했어도 이길 수 있었던 것은 하나님께서 그를 도우셨기 때문이다.

우리의 힘과 능력으로는 마귀의 시험을 이길 수 없다. 하나님께서 도와주셔야만 승리할 수 있다. 예수께서도 마귀의 시험을 이기실 수 있었던 것은 기도함으로 하나님의 도움을 받으셨기 때문이다. "천사가 하늘로부터 예수께 나타나 힘을 더하더라"(눅 22:43). 바울도 이런 사실을 알기에 "내게 능력 주시는 자 안에서 내가 모든 것을 할 수 있느니라"(빌 4:13)고 고백한 것이다.

우리는 주님께 속한 자이므로 주님의 승리는 곧 우리의 승리다. 따라서 우리가 마귀와 싸움을 하는 것은, 승패를 겨루기 위해서가 아니라 이미 승리한 싸움을 하는 것이다. 혹 마귀에게 공격을 받아 목숨을 잃어도 마귀에게 패배한 것이 아니라 승리한 것이다. 육체의 생명은 잃어도 영적인 생명은 마귀가 건드릴 수 없도록 이미 생명 보자기에 싸여 있기 때문이다.

마귀와의 싸움에서 이기신 주님께서 우리를 도와주시기 때문에 우리도 영적 전쟁에서 승리할 수 있다. "그가 시험을 받아 고난을 당하셨은즉 시험 받는 자들을 능히 도우실 수 있느니라"(히 2:18). 자신의 무능함과 연약함으로 낙심하지 말고 주께서 힘과 능력을 주심을 확신하고 마귀와의 싸움에서 승리해야 한다.

04장
기도 응답의 확신으로 살아가다

1. 기도의 정의를 새롭게 추가하다

일반적으로 기도를 '영혼의 호흡' 또는 '하나님과의 대화'라고 이해하고 있다. 그런데 기도의 사람이 되려면 이런 정의 외에 다른 것을 추가해야 한다. 왜냐하면 기도를 폭넓게 이해할수록 그 중요성을 깨달아 기도하게 되기 때문이다. 선지자 사무엘이 기도의 사람이 될 수 있었던 것도 기도를 쉬는 것을 죄라고 생각했기 때문이다(삼상 12:23).

■ 첫째로, 기도는 영적 전쟁이다

기도는 마귀와의 영적 전쟁이다. 왜 그런가? 우리가 하나님의 뜻이 이루어지기를 위해서 기도하는데 마귀는 하나님의 뜻이 이루어지지 못하도록 방해하기 때문이다. 마귀는 수단과 방법을 가리지 않고 기도하지 못하도록 방해한다. 기도하기 전에도 방해하고, 기도하는 중에도 방해하고, 기도를 마친 후에도 방해한다.

기도하기 전에는 어떻게 방해하는가? 각종 핑곗거리를 찾게 해서 기도하지 못하게 한다. 바쁘다는 이유로, 피곤하다는 이유로, 기도할 기분이 아니라는 이유 등으로 핑계를 대서 기도하지 못하게 한다. 이런 유혹에 넘어가지 않기 위해서는 기도를 우선순위에 두어야 한다. 기도에 우선순위를 두지 않고서는 절대 기도에 성공할 수 없다.

기도하는 중에는 어떻게 방해하는가? 잡생각을 갖게 하여 전심으로 기도하지 못하게 한다. 이럴 때는 찬송을 부르거나 크게 소리를 내서 기도하는 것이 도움이 된다. 또 기도하는 중 응답을 의심하게 만든다. 의심은 기도를 방해하는 가장 무서운 적이다. "오직 믿음으로 구하고 조금도 의심하지 말라 의심하는 자는 마치 바람에 밀려 요동하는 바다 물결 같으니 이런 사람은 무엇이든지 주께 얻기를 생각하지 말라"(약 1:6-7). 의심이 들 때는 귀신 들린 아이의 아버지처럼 "… 내가 믿나이다. 나의 믿음 없는 것을 도와 주소서"(막 9:24) 라고 기도해야 한다.

기도한 후에는 어떻게 방해하는가? 하찮은 일로 가까운 사람 사이에 다투게 한다. 사람과 화목하지 않으면 기도의 응답을 받을 수 없기에 혹 다퉈도 속히 해결해야 한다. 또 기도의 응답이 빨리 오지 않는다고 원망과 불평을 하게 한다. 기도한 후 원망과 불평을 하면 기도의 응답이 아니라 하나님의 심판을 받는다. 기도 후 원망할 일이 생기면 마귀의 공격인 줄 알고 즉시 물리쳐야 한다.

특별히 기도는 영적 전쟁이므로 중보기도를 해야 한다. 군인이 최전방에서 싸울 수 있도록 후방에서 군수품을 보급하듯이 기도도 일종의 전쟁이므로 뒤에서 돕는 중보기도를 해야 한다. 이스라엘이 르비딤에서 아멜렉과의 전쟁에서 이길 수 있었던 것은 모세의 양편에서 아론과 훌이 모세의 팔이 내려오지 않도록 붙들어 올렸기 때문이다(출 17:8-13).

예수께서도 겟세마네 동산에서 기도하실 때에 제자들에게

기도를 부탁하셨다. "이에 말씀하시되 내 마음이 매우 고민하여 죽게 되었으니 너희는 여기 머물러 나와 함께 깨어 있으라 하시고"(마 26:38). 바울도 여러 교회에 기도의 후원을 부탁했다. "너희도 우리를 위하여 간구함으로 도우라 이는 우리가 많은 사람의 기도로 얻은 은사로 말미암아 많은 사람이 우리를 위하여 감사하게 하려 함이라"(고후 1:11, 참조 엡 6:19; 골 4:3; 살전 5:25; 살후 3:1). 마귀의 방해를 물리치고 기도에 승리하려면 다른 사람에게 기도를 부탁해야 한다.

▪ 둘째로, 기도는 그리스도인의 의무와 권리다

대한민국 헌법은 모든 국민은 6가지의 의무, 즉 국방(제39조 1항), 납세(제38조), 교육(제 31조 2항), 근로(제32조 2항), 환경보전(제35조 1항), 공공복리에 적합한 재산권 행사(제23조 2항)의 의무를 가진다고 규정하고 있다(과거에는 4대 의무만 있었음). 그런데 이 중에서 국방과 납세를 제외하고는 모두 의무와 함께 권리를 가진다. 하나님 나라의 백성에게 기도는 의무인 동시에 권리다.

먼저 기도의 의무에 대하여 살펴보자. 왜 기도를 그리스도인의 의무라고 하는가? 무엇보다 하나님께서 기도하라고 명령하셨기 때문이다(살전 5:17). 따라서 기도는 선택이 아니라 필수다. 기도의 의무에서 면제되는 그리스도인은 없다. 새 신자든 기 신자든 모두 기도해야 한다.

국민이 국가에 대한 의무를 이행하지 않으면 법의 규정에 따라 처벌을 받아야 하듯이 성도가 기도의 의무를 이행하지 않으면 대가를 지불해야 한다. 기도하지 않으면 어떤 대가를 지불해야 하는가? 전혀 예상치 못한 일을 당한다. 갑자기 병원의 응급실로 가든지, 자녀가 속을 썩인다든지, 사업에 문제가 생기든지 등등 고통을 당한다. 이런 일을 당하면 우연히 일어난 일로 생각하지 말고 기도하지 못한 것에 대한 하나님의 징계로 받아들이고 회개해야 한다. 혹 기도를 열심히 하는데 이런 일을 당했다면 하나님께서 모든 것을 합력하여 선을 이루실 줄 믿고 감사하면 된다.

또한 기도는 그리스도인의 특권이다. 기도를 그리스도인의 특권이라고 하는 이유는 무엇인가? 하나님의 자녀로 택함을 받은 자라야 기도할 수 있기 때문이다. 물론 하나님의 자녀가 아니어도 하나님께 기도할 수 있다. 그러나 그것은 엄밀히 말하면 기도가 아니라 구걸이다. 기도는 하나님의 자녀만이 할 수 있다. 하나님의 자녀가 되는 순간부터 언제 어디서나 기도할 수 있다.

그런데 안타까운 사실은 기도의 특권을 누리고 사는 그리스도인들이 많지 않다. 심지어 기도가 그리스도인의 특권이라는 사실조차도 모르는 자들이 부지기수다. 기도가 그리스도인의 특권이라는 것을 모르는데 어떻게 이를 사용할 생각을 하겠는가? 기도의 특권을 사용하지 않는 것은 마치 자신이 왕자인 줄 모르고 노예로 사는 것과 같고, 세계 최고의 재벌이 걸인으로 사는 것과 같다.

기도의 특권은 아무리 사용해도 남용이 아니다. 하루에도 수백 번 사용해도 바닥이 보이지 않는다. 사용하면 할수록 강해진다. 무능한 자가 유능해지고 연약한 자가 강해진다. 무엇보다 하나님께서 함께하신다. 기도의 특권을 사용해서 능력 있게 살 것인지, 사용하지 않으므로 무능력자로 살 것인지를 선택해야 한다.

▪ 셋째로, 기도는 사역이다

지금껏 기도와 사역의 관계를 어떻게 이해하였는가? 일반적으로 기도를 사역을 위한 준비단계로 이해한 것이 사실이다. 그래서 종종 기도 앞에 '준비'가 따라붙는다. 이는 마치 찬양 앞에 '준비'가 따라붙는 것과 마찬가지다. 그러나 기도는 기도이고, 찬양은 찬양이다. 하나님께서 '준비 기도'라고 듣지 않으시고 '준비 찬양'이라고 받으시지 않는 것이 아니다.

기도와 사역의 관계를 새롭게 정립해야 한다. 즉 기도를 단지 사역의 준비단계가 아니라 사역 자체로 이해해야 한다. 왜 그런가? 그렇게 해야 기도 생활에 큰 변화가 일어나기 때문이다. 예를 들어, 이전처럼 기도를 단지 사역을 준비하기 위한 것으로 생각한다고 하자. 그러면 사역이 없는 경우는 기도하지 않을 것이다. 반면에 기도를 사역 그 자체라고 생각한다면 어떻게 되겠는가? 사역과 상관없이 항상 기도에 힘쓸 것이다.

예수께서도 기도를 사역으로 이해하셨다. "너희가 내 이름으로 무엇을 구하든지 내가 행하리니 이는 아버지로 하여금 아들로 말미암아 영광을 받으시게 하려 함이라 내 이름으로 무엇이든지 내게 구하면 내가 행하리라"(요 14:13-14). 주의 이름으로 기도하면 하나님께서 행하시고 영광을 받으신다는 것이다. 즉 기도는 하나님께 영광을 돌리는 사역이다.

기도를 사역 그 자체로 이해할 뿐만 아니라 한 걸음 더 나아가 가장 위대한 사역이라고 생각해야 한다. 기도로 하나님과 친밀하지 않고서는 하나님의 뜻을 알 수 없고 하나님의 뜻을 알지 못하고서는 하나님의 일을 할 수 없기 때문이다. "여호와의 친밀하심이 그를 경외하는 자들에게 있음이여 그의 언약을 그들에게 보이시리로다"(시 25:14).

기도의 사람 사무엘은 이렇게 말한다. "나는 너희를 위하여 기도하기를 쉬는 죄를 여호와 앞에 결단코 범하지 아니하고 선하고 의로운 길을 너희에게 가르칠 것인즉"(삼상 12:23). 사무엘은 백성을 가르치는 사역보다 기도를 더 중요하게 생각했다. 그는 기도를 최고의 사역으로 이해한 것이다. 기도보다 위대하고 강한 사역은 없다.

2. 왜 기도하지 않는 사람들이 많을까?

그리스도인이라면 누구든지 기도를 해야 한다는 것을 알고 있다. 그런데 실제로 기도하는 사람은 그리 많지 않다. 교회마다 다소 차이가 있지만, 새벽기도회 참석률이 평균 10% 내외라는 것만 봐도 이를 짐작할 수 있다. 왜 이런 현상이 일어나는 것일까? 필자는 오랫동안 성도들을 상담하는 과정에서 그 이유를 알게 되었다. 크게 네 가지 때문이다. 혹 해당 사항이 있다면 지체하지 말고 일어나 기도의 자리로 나갈 것을 요청한다.

■ **첫째로, 기도 자체를 어렵다고 생각하기 때문이다**

친구가 서로 편하고 자연스럽게 대화하듯이 기도는 하나님과 편하고 자연스럽게 이야기하는 것이다(출 33:11). 그래서 기도는 정말 쉬운 것이다. 그런데 일반적으로 사람들은 기도하기를 어려워한다. 왜 그럴까? 새신자가 처음으로 교회에서 예배를 드리면서 목회자와 장로의 기도를 듣게 되는데 그들의 기도가 어렵게 느껴지기 때문이다.

그런데 일반적으로 말하는 기도는 예배 시에 목회자가 하는 목회 기도나 평신도가 회중을 대표해서 하는 대표 기도를 뜻하지 않고, 개인적으로 하나님과 일대일로 대화하는 것을 뜻하므로 기도를 어렵다고 생각해서는 안 된다.

친구와 일대일로 만나서 이야기하는 것이 쉬운 것처럼, 하나님과 일대일로 이야기를 하는 것은 정말 쉬운 것이다. 갓난아이가 울기만 해도 부모와 소통하듯이, 우리가 예수님의 이름을 부르기만 해도 하나님과 소통할 수 있다.

■ **둘째로, 너무 바빠서 기도할 시간이 없다고 생각하기 때문이다**

사람은 누구나 가장 급하고 중요하다고 생각하는 것을 먼저 하게 마련이다. 기도는 영혼의 호흡이므로 그리스도인에게 기도보다 중요한 것이 없기에 무엇보다 기도해야 한다. 그런데 바쁘다는 이유로 기도하지 않는 것은 기도를 가장 중요하게 생각하지 않기 때문이다. 종교 개혁자 마틴 루터가 매일 2시간 기도했지만, 너무 바쁠 때는 3시간 동안 기도한 것은 그가 기도를 가장 중요하게 생각했기 때문이다.

예수님보다 이 세상에 바쁜 사람은 없다. 예수께서는 식사하실 시간도 없을 정도로 바쁘셨지만, 기도를 멈추시지 않았다. 심지어 죽음을 앞둔 상황에서도 기도하셨다. 무엇을 하든지 기도할 수 없을 정도로 바쁘면 이는 하나님께서 원하시는 것이 아니므로 당장 하던 일을 멈춰야 한다.

미국에서 가장 영향력 있는 교회인 윌로우크릭교회를 목회하다가 조기 사임한 빌 하이벨스 목사는 바쁘다는 핑계로 기도하지 않는 현대인들을 각성시키기 위해 〈너무 바빠서 기도합니다〉(IVP, 2008)를 펴냈다. 그는 이 책에서 바쁜 상황에서도 기도하기 위해서는 평소 기도하는 습관을 가질 것을 주장한다. 기도의 중요성을 알아도 습관을 갖지 않으면 바쁜 상황에서는 기도에 성공할 수 없다.

- **셋째로, 죄를 범하면 기도할 수 없다고 생각하기 때문이다**

그리스도인은 죄에서 구원을 받았기 때문에 죄를 짓지 말아야 한다. 그러나 우리가 육신을 갖고 있고 구조적으로 악한 세상에서 살기 때문에 죄를 범치 않는다는 것은 말처럼 쉽지 않다. 예수께서도 이를 아시고 우리가 죄를 범하면 해결할 수 있는 길을 예비해 놓으셨다. "만일 우리가 우리 죄를 자백하면 그는 미쁘시고 의로우사 우리 죄를 사하시며 우리를 모든 불의에서 깨끗하게 하실 것이요"(요일 1:9). 한마디로 자백, 곧 회개하면 된다.

주님께 용서받지 못할 죄는 없다. 다윗이 밧세바와 동침하고 그의 남편 우리아를 전쟁터에 보내서 죽게 함으로 큰 죄를 저질렀어도 하나님께 그를 끝까지 사랑하셨던 것은 나단 선지자의 책망을 듣고서 곧바로 회개했기 때문이다. 즉 죄를 지었어도 기도했기 때문이다.

혹 현재 죄를 범하고 있기 때문에 하나님께 기도할 수 없다고 생각하는가? 그렇다면 이미 마귀에게 속은 것이다. 하나님께서는 의롭게 사는 자보다 자신의 잘못을 깨닫고 회개하는 자를 더 기뻐하신다(눅 18:9-14). 죄 때문에 기도하지 않으면 죄의 수렁에서 결코 빠져나올 수 없다. 아무리 큰 죄를 범해도 기도하면 죄에서 벗어날 수 있고 회복의 은혜를 받을 수 있다.

- **넷째로, 나중에 기도하겠다고 미루기 때문이다**

그리스도인이 대부분 기도에 실패하는 주된 원인은 나중에 하기로 미루기 때문이다. 독자들은 중세 베네딕트 수도원에서 유래한 '차차 마귀'의 일화를 잘 알고 있을 것이다. 하루는 대장 마귀가 졸개들을 집합하여 다음과 같이 명령했다. "너희들은 지상으로 내려가서 가능한 한 많은 영혼들을 지옥으로 끌어오도록 전략을 짜라."

그러자 첫째 마귀는 신이 원래 이 세상에 존재하지 않는데 인간이 약하므로 종교를 만들었기 때문에 아무것이나 믿고 싶은 것을 믿으라고 하였고, 둘째 마귀는 천당과 지옥은 애초부터 없는 것이니 겁먹지 말고 하고 싶은 대로 살라고 하였고, 셋째 마귀는 성경은 하나님의 말씀이 아니고 인간들의 가르침이니 결코 속지 말라고 하였다.

그런데 넷째 마귀는 이들과 전혀 다른 방법을 사용했다. 하나님도 존재하고, 천당과 지옥도 있고, 성경은 하나님의 말씀이라고 주장했다. 그러나 모래알같이 많은 날이 있으니 차차 성경을 읽고, 차차 교회에 나가고, 차차 하나님을 믿으라고 하였다.

얼마 후 사탄은 마귀들을 집합시켜 놓고 각기 지옥으로 인도한 영혼의 수를 보고하라고 명령하였다. 가장 많은 영혼을 지옥으로 인도한 자는 넷째 마귀였다. 넷째 마귀가 사탄으로부터 칭찬을 받았고 그의 전략이 지옥 회의에서 채택되었으며 그때부터 넷째 마귀는 '차차 마귀'로 불렸다고 한다.

하나님께서는 '지금 하라'고 말씀하시지만, 마귀는 '내일 하라'고 유혹한다. 따라서 지금 기도하지 않고 나중으로 미루는 것은 마귀의 유혹에 넘어간 것이다. 나중은 우리의 날이 아니다. 지금만 우리의 날이다. 지금 기도하지 않고 흘려보낸 시간은 영원히 회복할 수 없다.

무슨 이유로 기도를 멈추거나 게을리하고 있는가? 기도는 영혼의 호흡이고, 주님과의 대화이고, 영적 전쟁이고, 그리스도인의 의무와 특권이고, 사역이다. 기도를 쉽다고 생각하고, 바쁠수록 기도하고, 죄를 범해도 기도하고, 지금 바로 기도해야 한다.

3. 기도 응답의 노하우를 알고 싶은가?

'기도는 응답이다'라는 말이 있듯이 기도하면 응답받는 것은 지극히 당연하다. 하나님의 자녀로서 양육청구권을 갖고 있기 때문이다. 육신의 자녀가 부모에게 양육 청구권을 사용하여 문제를 해결하듯이 하나님의 자녀도 하나님 아버지께 이를 사용하여 각종 문제를 해결할 수 있다(마 7:7-8). 그런데 양육청구권만 사용하여 기도의 응답을 받을 수 있는 게 아니다. 이보다 더 확실히 기도의 응답을 받을 수 있는 노하우가 있다.

■ **하나님의 약속을 붙잡고 기도하는 것이다**

과연 그것은 무엇일까? 바로 하나님의 약속을 붙잡고 기도하는 것이다. 하나님께서는 전능하시므로 무엇이든지 마음대로 하실 수 있다. 그러나 하나님께서는 친히 약속하신 것을 취소하시거나 약속하신 것에 반하는 일은 하시지 않는다. 약속하신 것은 반드시 지키신다. 따라서 기도의 응답을 확실히 받으려면 하나님의 약속을 붙잡고 기도해야 한다.

성경은 하나님께서 약속하신 것이 그대로 성취되었다고 증거한다. 그래서 성경을 예언과 성취의 책이라고 한다. 가장 핵심적인 내용은 하나님께서 메시아를 보내주신다고 약속하셨는데 바로 그분이 예수님이시라는 것이다. 예수께서 그리스도로 이 세상에 오신 것은, 성경에 기록된 모든 약속이 반드시 성취

된다는 것을 뜻한다.

성경은 이렇게 말씀한다. "하나님은 사람이 아니시니 거짓말을 하지 않으시고 인생이 아니시니 후회가 없으시도다 어찌 그 말씀하신 바를 행하지 않으시며 하신 말씀을 실행하지 않으시랴"(민 23:19). 하나님께서는 반드시 약속을 지키신다. 따라서 단지 당면한 문제를 해결해 달라고 간구하지 말고, 상황에 걸맞은 하나님의 약속을 붙잡고 기도해야 한다.

주님께서 내 나이 40이 넘어서 딸 하나를 선물로 주셨다. 딸이 필자를 전혀 닮지 않아 키가 176cm나 된다. 그런데 체중을 관리하지 않아 다이어트를 하지 않으면 안 되는 상황이었다. 그래서 기회가 될 때마다 다이어트를 하라고 잔소리해도 딸은 귀담아듣지 않고 도리어 신경질적으로 반응했다.

어느 날 이렇게 제안을 했다. "한 달 안에 15kg을 감량하면 40만 원을 주고, 10kg을 감량하면 30만 원을 주겠다." 그러자 곧바로 헬스클럽에 등록하고 다이어트에 돌입하였다. 드디어 약속한 기한이 되자 한 달 안에 15kg을 감량했다며 약속대로 40만 원을 내놓으라고 했다. 대견스러워서 즉시 40만 원을 딸의 계좌로 이체하려고 하는데 갑자기 이런 마음이 들었다. '체중 감량을 하면 본인에게 좋은 건데 굳이 내가 돈을 줄 필요가 있을까?' 그래서 수고했다는 뜻에서 절반만 주고 딸과의 약속을 정리하려고 했다.

그러자 딸은 "목사님이 약속하고서 안 지키면 되냐?"며 펄

쩍 뛰면서 필자 모르게 스마트 폰에 녹음한 것을 재생시켰다. 필자가 딸에게 약속한 내용이 귀에 생생하게 들렸다. 딸에게 사과하고 그 자리에서 곧바로 40만 원을 송금했다.

필자가 이를 통하여 깨달은 것이 있다. 하나님의 자녀로서 가지고 있는 양육청구권을 사용해서 기도하는 것보다 하나님의 약속을 붙잡고 기도하는 것이 훨씬 빠르게 기도의 응답을 받을 수 있다는 것이다.

어떻게 기도하고 있는가? 혹 하나님 앞에 이런저런 사정을 아뢰며 해결해달라고 하지 않는가? 물론 이렇게 기도하는 것도 잘하는 것이다. 기도할 일이 산적해 있어도 기도하지 않는 사람들이 얼마나 많은가? 그러나 이왕이면 문제 해결에 걸맞은 하나님의 약속을 붙잡고 기도할 것을 강력히 권면한다.

▪ 약속의 말씀으로 기도하여 응답받은 이야기

독자들이 약속의 말씀으로 기도할 수 있도록 필자가 경험한 몇 가지 실례를 소개한다. 아래와 같은 상황에 놓여 있다면 약속의 말씀을 붙잡고 기도해서 속히 응답받게 되기를 소원한다.

경제적으로 어려운 상황에 있는가? 이런 상황에서는 빌립보서 4장 19절 말씀을 붙잡고 기도할 것을 권한다. "나의 하나님이 그리스도 예수 안에서 영광 가운데 그 풍성한 대로 너희 모든 쓸 것을 채우시리라." 필자는 당시 상고 출신으로는 국내에서 가장 월급을 많이 주는 회사에 다니던 중 사법고시를 하려고 법대에 진학했다.

그런데 고시 공부를 계속하지 않고 목회자가 되겠다고 하자 집안에서 반대가 극심했다.

그러나 반대를 무릅쓰고 대전에 있는 침례신학대학원에 입학했다. 당시 간호사였던 여동생(안창애 선교사, 대만에서 사역하다가 폐암으로 몇 해 전 천국으로 이주함)이 신학교에 입학하도록 등록금은 내주었지만, 그 외의 것을 해결하려면 상당한 돈이 필요한데 집에서 한 푼도 도와주지 않았기 때문에 끼니를 거르는 경우가 종종 있었다.

그러던 어느 날 빌립보서 4장 19절을 헬라어 원문과 영어 성경으로 보던 중 놀라운 사실을 깨달았다. '그 풍성한 대로'에서 '그'가 영어로 'the'가 아니라 'his'라는 것을 발견한 것이다. 즉 '하나님의 풍성한 대로 나의 모든 필요를 채워 주신다'는 것을 알게 되었다.

곧바로 이 말씀을 붙잡고 기도하기 시작했다. 그러자 하나님께서 빌립보서 4장 19절 말씀대로 물질을 넘치도록 채워주셨다. 당시 일반대학을 졸업한 경우 약 30만 원 정도 월급을 받았는데, 필자는 직장에 다니지 않고 공부만 했는데 매달 33만 원을 공급해주셨다. 미국으로 시집간 여자 친구가 매달 100달러를 보내왔고, 신학대학원에서 성적 장학금과 근로 장학금을 받았고, 섬기는 교회에서 10만 원씩 전도사 사례비를 받았고, 기타 성도들이 도움의 손길을 주었다.

이후로 필자는 재정적으로 어려울 때마다 이 말씀을 붙잡고 기도하여 해결받고 있다. 최근 코로나19로 교회의 재정이 극도로 어렵게 되어서 선교비를 보낼 수 없는 상황이라 일시적으로 중단한다고 통보하려고 했다. 그러나 이번에도 빌립보서 4장 19절 말씀을 붙잡고 기도하자 하나님께서 놀라운 일을 행하셨다. 교우 중 한 사람이 매달 보내는 선교비와 2021년 터키에서 있을 '제1차 10개국 초청 D3디렉터 워크샵'을 위한 모든 비용을 헌금했다. 그래서 지금은 이전보다 오히려 더 많이 선교비를 보내고 있다.

감당하기 힘든 상황에 직면해 있는가? 이런 상황에서는 로마서 8장 28절 말씀을 붙잡고 기도할 것을 권한다. "우리가 알거니와 하나님을 사랑하는 자 곧 그의 뜻대로 부르심을 입은 자들에게는 모든 것이 합력하여 선을 이루느니라." 이는 한마디로 우리가 이 세상에서 어떤 일을 만나든지 하나님께서 섭리하셔서 선을 이루게 하신다는 것이다. '모든 것'에는 문자 그대로 모든 불행이 포함되고, '선'은 좋은 결과를 뜻한다.

성경의 인물 중에서 이 말씀을 그대로 경험한 사람을 대표적으로 한 명만 들라 하면 서슴지 않고 요셉이라고 말할 수 있다. 요셉은 형들에게 팔려 종살이하고 보디발의 아내에게 누명을 써 옥살이를 하지만 하나님께서 이를 섭리하셔서 결국 애굽의 총리가 되게 하셨고 기근 시에 이스라엘을 구원하게 하셨다.

필자는 짧은 인생을 살았지만, 야곱처럼 험악한 세월을 보냈다. 분당에서 급성장하던 교회가 건물주의 사기로 경매에 넘어가서 문을 닫기도 하였고, 지방에서 부교역자로 사역하던 중 필자를 따르는 성도들이 많아지자 부임한 지 2달 만에 쫓겨나기도 했고, 장인이 관련된 일로 이혼의 위기를 경험하기도 했다.

이렇게 수십 년 동안 연단을 받으면서 필자가 항상 붙잡고 기도한 성경 구절이 있다. 앞서 언급한 로마서 8장 28절 말씀이다. 결국 하나님께서 약속하신 대로 이 모든 일을 섭리하셔서 'D3전도중심제자훈련'(일종의 제자훈련시스템)을 개발하게 하셨다.

지금은 홍대 근처에서 2030123007000비전(2030년까지 12명의 단독선교사, 300명의 현지 목회자, 7000명의 평신도사역자를 파송)을 품고 국내뿐 아니라 전 세계를 다니며 목회자와 선교사와 평신도지도자를 훈련하고, D3제자훈련교재를 십여 개국의 언어로 번역하여 무료로 보급하고, 전 세계에 흩어져 있는 유대인을 제자 삼아 그들과 함께 세계 복음화를 이루기 위해 전력 질주하고 있다.

어떤 상황에서도 로마서 8장 28절을 믿고 기도하면 하나님께서 섭리하셔서 좋은 결과를 얻게 하신다. 지금의 상황만 보고 절망하지 말고 배후에서 섭리하시는 하나님의 손길을 바라보아야 한다. 때가 되면 하나님의 방법으로 전혀 예상치 못한 기적을 맛보게 하신다.

억울하게 누명을 쓰고 있는가? 이런 상황에서는 베드로전서 2장 23절을 붙잡고 기도할 것을 권한다. "욕을 당하시되 맞대어 욕하지 아니하시고 고난을 당하시되 위협하지 아니하시고 오직 공의로 심판하시는 이에게 부탁하시며." 필자는 당시 이름만 들으면 알 수 있는 교회에서 7년간 부 교역자로 사역하였다. 그 교회는 필자가 사임한 후 얼마 되지 않아 예배당 규모로 볼 때 여의도순복음교회 다음으로 크게 건축하였다.

그 교회를 사임하기 얼마 전에 있었던 일이다. 1990년 7월 17일 제헌절에 전교인 일일 기도회를 위해 교회에서 멀지 않은 경기도 광주에 있는 변화산기도원으로 가고 있었다. 여러 대의 대형버스로 나눠 타고 기도원으로 향하고 있었는데 갑자기 바로 앞에서 사고가 발생하였고 뒤따르던 교회 버스도 급제동하지 못해 추돌하는 사고가 났다. 즉시 차에서 내려서 피해 내용을 파악하여 담임 목사님께 전화로 보고하였다.

그런데 담임 목사님이 주일 오후 예배시간에 설교하던 중 지난주에 있었던 교통사고를 언급하더니 갑자기 필자가 과장 보고를 했다며 전 교우들 앞에서 망신을 주었다. 사실대로 보고했는데 목사님이 무슨 근거로 그렇게 말씀하는지 도저히 이해가 되지 않아 속이 부글부글 끓었다. 원망과 불평이 폭발하려는 찰나였다.

바로 그때 베드로전서 2장 23절 말씀이 떠올랐다. "욕을 당하시되 맞대어 욕하지 아니하시고 고난을 당하시되 위협하지 아니하시고 오직 공의로 심판하시는 이에게 부탁하시며." 그리고 이 말씀을 붙잡고 이렇게 기도했다. "주님! 제가 몹시 화가 나지만 말씀대로 욕을

욕으로 갚지 않고 주님께 심판을 맡깁니다." 그러자 목사님을 용서할 수 있었고 흥분을 가라앉힐 수 있었다.

억울한 일을 당해 분노하고 있는가? 호시탐탐 갚아주려고 벼르고 있지는 아니한가? 그런데 우리는 심판자가 아니므로 어떤 일을 당해도 직접 심판하려고 해서는 안 된다. 심판자이신 주님께 맡겨야 한다. 주님께 맡기지 않고 스스로 심판하려고 하는 것은 교만에서 비롯한 것이다.

아직도 가족 중에 구원받지 못한 자가 있는가? 이런 상황에서는 사도행전 16장 31절을 붙잡고 기도할 것을 권한다. "이르되 주 예수를 믿으라 그리하면 너와 네 집이 구원을 받으리라 하고." 필자는 비신자 집안에서 3남 2녀 중 3남으로 여동생이 하나 있었다. 필자가 가족 중에서 가장 먼저 믿음을 가졌고, 앞서 언급한 여동생 안창애 선교사가 바로 뒤를 이었다.

어머니는 젊은 나이에 과부가 되셔서 그런지는 몰라도 모든 것을 형님 위주로 생각하고 행동하셨다. 그런데 필자가 예수님을 열심히 믿자 한 집에 종교가 둘이면 안 된다고 하시며 결혼 전에는 교회에 다니지 말라고 극구 말리셨다.

이런 상황에서 성경을 읽던 중 사도행전 16장 31절이 마음에 크게 부딪혔다. 그날부터 이를 붙잡고 새벽마다 주님께 매달렸다. 그러자 7년 만에 온 가족이 주님께 돌아왔다. 그래서 작은 형(안창덕)은 산성교회 장로, 누나(안창란)는 영락교회 권사가 되었다. 몇 해 전 어머니께서 94세에 천국에 입성하셨는데, 슬하의 53명이 모두 그리스도인이 되었다. 이는 사도행전 16장 31절을 하나님의 약속의 말씀으로 믿고 기도한 결과다.

아직도 가족들이 주님께로 돌아오지 않아서 마음에 고통을 느끼고 있는가? 늦지 않았다. 염려와 걱정을 던져버리고 사도행전 16장 31절 말씀을 붙잡고 기도하며 주님의 사랑을 실천하면 반드시 주님께 돌아오게 하신다.

4. 기도 응답의 훼방꾼을 제거해야 한다

인생을 살아가는 데 많은 방해물이 있듯이 기도의 응답을 받는 데도 여러 가지 훼방꾼들이 있다. 죄(사 59:1-2), 욕심(약 4:2-3), 용서치 못함(막 11:25), 인색함(잠 21:13), 낙망(눅 18:1) 등은 기도의 응답을 방해한다. 이들과의 싸움에서 이겨야 기도의 응답을 받을 수 있다.

■ **첫째로, 죄 문제를 해결해야 한다**

하나님께서는 거룩하시므로 죄가 있으면 하나님을 가까이할 수 없고 기도를 해도 응답을 받을 수 없다. 이사야 선지자도 기도의 응답을 받지 못하는 것은 우리의 죄 때문이라고 힘주어 말한다. "너희가 손을 펼 때에 내가 내 눈을 너희에게서 가리고 너희가 많이 기도할지라도 내가 듣지 아니하리니 이는 너희의 손에 피가 가득함이라"(사 1:15).

죄는 크기와 상관없이 기도의 응답을 방해하기 때문에 죄를 범하지 않기 위해 피 흘리기까지 싸워야 한다. 그리고 혹 죄를 범한 경우는 즉시 고백하여 깨끗이 씻음을 받아야 한다. 필자도 이런 사실을 익히 알기 때문에 기도할 때마다 알고 짓는 죄뿐 아니라, 알지 못하고 짓는 죄까지 회개한다.

다윗도 이렇게 기도했다. "자기 허물을 능히 깨달을 자 누구리요 나를 숨은 허물에서 벗어나게 하소서 또 주의 종에게 고의로 죄를 짓지 말게 하사 그 죄가 나를 주장하지 못하게 하소서 그리하면 내가 정직하여 큰 죄과에서 벗어나겠나이다"(시 19:12-13). 혹 기도해도 응답이 오지 않아 답답해하고 있는가? 그렇다면 이사야 선지자의 말에 귀를 기울여야 한다. "여호와의 손이 짧아 구원하지 못하심도 아니요 귀가 둔하여 듣지 못하심도 아니라 오직 너희 죄악이 너희와 너희 하나님 사이를 갈라 놓았고 너희 죄가 그의 얼굴을 가리어서 너희에게서 듣지 않으시게 함이니라"(사 59:1-2).

■ **둘째로, 욕심을 제어해야 한다**

욕심은 죄와 함께 기도의 응답을 방해하는 최대의 적이다. 기도의 응답은 하나님의 뜻에 따라 받는 것이고, 욕심은 자기의 뜻을 주장하기 때문에 이를 제어하지 않으면 하나님의 뜻대로 기도할 수 없고 응답을 받을 수 없다. 정욕으로 기도하면서 하나님께 응답을 받으려는 것은 마치 연목구어(緣木求魚), 즉 나무에서 물고기를 구하는 것과 같다.

야고보는 욕심과 기도의 관계를 이렇게 말한다. "너희는 욕심을 내어도 얻지 못하여 살인하며 시기하여도 능히 취하지 못하므로 다투고 싸우는도다 너희가 얻지 못함은 구하지 아니하기 때문이요 구하여도 받지 못함은 정욕으로 쓰려고 잘못 구하기 때문이라"(약 4:2-3). 우리는 이미 육체와 함께 그 정욕과 탐심을 십자가에 못 박은 자들이다(갈 5:24). 따라서 정욕으로 기도할 수도 없고 해서도 안 된다.

물론 우리의 욕심으로 구해도 하나님께서 응답해 주실 때가 있다. 그러나 이는 우리의 영혼에 부정적인 영향을 미치게 된다는 것을 알아야 한다. "그러므로 여호와께서는 그들이 요구한 것을 그들에게 주셨을지라도 그들의 영혼은 쇠약하게 하셨도다"(시 106:15). 따라서 욕심을 채우려고 기도하지 말고 하나님의 뜻을 이루기 위해 기도해야 한다.

■ 셋째로, 낙망의 벽을 뛰어넘어야 한다

낙망은 죄와 욕심과 함께 기도의 응답을 방해하는 3대 적이다. 왜 그럴까? 낙망은 하나님의 존재를 의심하게 하므로 기도할 생각조차 하지 못하도록 하기 때문이다. 낙망하면 하나님과의 관계가 깨지고 영적으로 죽음에 이르게 되고 나중에는 육체적인 죽음에까지 이르게 된다.

절망은 죽음에 이르는 병이다. 낙망을 물리치지 않으면 하나님께 소망을 두지 않기 때문에 기도하지 않게 된다. 따라서 하나님께 기도하려면 먼저 낙망과 싸워 이겨야 한다. 예수께서도 이를 아셨기 때문에 '불의한 재판관의 비유'를 들어 항상 기도하고 낙심하지 말라고 말씀하신 것이다(눅 18:1).

무엇 때문에 절망하고 있는가? 기도해도 상황이 전혀 바뀌지 않기 때문인가? 응답이 늦어지는 이유는 하나님께서 더 좋은 것을 주시기 위해 준비하시기 때문이라고 생각하고 소망을 갖고 기도해야 한다. 상황이 빨리 바뀌지 않은 것 때문에 쉽게 절망하고 기도하지 않는 것은 이미 마귀에게 속은 것이다.

- **넷째로, 모든 사람을 용서해야 한다**

　어떻게 용서가 기도의 응답을 방해할까? 언뜻 보면 용서와 기도의 응답은 별로 상관이 없어 보인다. 그러나 예수께서 하신 말씀을 자세히 읽으면 곧 이해할 수 있다. "서서 기도할 때에 아무에게나 혐의가 있거든 용서하라 그리하여야 하늘에 계신 너희 아버지께서도 너희 허물을 사하여 주시리라 하시니라"(막 11:25). 주님께서 용서를 원하시기 때문에 기도의 응답을 받으려면 이를 행해야 한다는 것이다.

　그런데 누군가를 용서한다는 것은 말처럼 쉽지 않다. 왜냐하면 용서는 반드시 대가를 지불해야 하기 때문이다. 예를 들어 재산상의 손해를 끼친 사람을 용서하려면 그 손실을 감내해야 한다. 또 신체에 상해를 가한 사람을 용서하려면 평생 불편한 몸으로 살아가면서 육체의 고통을 겪어야 한다.

　그러나 어떤 경우라도 용서해야 한다. 왜냐하면 주님께서 상대방이 우리에게 잘못한 것보다 더 큰 죄를 용서해주셨기 때문이다. 주님께서 얼마나 큰 죄를 용서해주셨는가? 지옥에 던져져 영원히 고통을 당해야 할 만큼 큰 죄를 용서해주셨다. 이것을 정말 깨닫는다면 용서하지 못할 죄는 없다.

　혹 오랫동안 기도해도 응답이 없는가? 그렇다면 주변에 용서하지 않은 사람이 있는지를 살펴보아야 한다. 그리고 자신은 용서할 수 없다고 고백하고 힘과 능력을 달라고 간구해야 한다. 그리고 진심으로 용서가 될 때까지 의지적으로 노력해야 한다.

- **다섯째로, 인색하지 말아야 한다**

인색함과 기도의 응답이 무슨 관계가 있을까? 겉으로 보면 인색함과 기도의 응답은 전혀 무관하게 보인다. 그러나 종두득두, 즉 심은 대로 거두는 법칙을 통해 보면 둘이 서로 무관하지 않음을 알 수 있다. 즉 우리가 누군가에게 인색하게 대하면 하나님께서도 우리가 기도할 때에 인색하게 응답하신다.

잠언 기자도 이런 사실을 연거푸 말한다.

"가난한 자를 불쌍히 여기는 것은 여호와께 꾸어 드리는 것이니 그의 선행을 그에게 갚아 주시리라"(잠 19:17).

"귀를 막고 가난한 자가 부르짖는 소리를 듣지 아니하면 자기가 부르짖을 때에도 들을 자가 없으리라"(잠 21:13).

"네 원수가 배고파하거든 음식을 먹이고 목말라하거든 물을 마시게 하라 그리하는 것은 핀 숯을 그의 머리에 놓는 것과 일반이요 여호와께서 네게 갚아 주시리라"(잠 25:21-22).

평소 인색하게 살아가는 것은 하나님께서 베푸실 기도의 응답을 방해하는 것이다. 반면에 평소 가난한 자들을 불쌍히 여기는 것은 환난의 날에 기도의 응답을 받을 수 있도록 디딤돌을 놓는 것이다. "감사로 하나님께 제사를 드리며 지존하신 이에게 네 서원을 갚으며 환난 날에 나를 부르라 내가 너를 건지리니 네가 나를 영화롭게 하리로다"(시 50:14-15).

5. 기도 응답의 확신을 유지하고 있는가?

앞서 기도의 정의를 추가해야 하는 필요성, 사람들이 기도하지 않는 이유, 기도 응답을 받는 노하우, 기도 응답을 방해하는 훼방꾼 등을 살펴보았다. 이를 살펴본 이유는 무엇인가? 바로 기도의 응답으로 살아가기 위함에 있다. 기도에 대해 많이 알아도 실제로 하지 않으면 아무 의미가 없다. 기도는 이론이 아니라 실제다. 이제 기도하는 일만 남았다.

▪ 기도를 쉬고 있다면 믿음을 잃은 것이다

한동안 "기도할 수 있는데 왜 걱정하십니까?"라는 복음 성가가 유행한 적이 있었다. 한마디로 기도하면 응답을 받으니 걱정하지 말고 기도하라는 것이다. 그런데 왜 사람들이 기도하지 않고 걱정만 할까? 기도 응답의 확신이 없기 때문이다. 즉 믿음이 없기 때문이다.

믿음이 없는 사람은 기도하지 않고, 기도하지 않는 사람은 믿음으로 살아가지 않는다. 믿음은 그리스도인의 삶의 방식이므로 믿음으로 살지 않으면 그리스도인으로 살고 있지 않은 것이고, 영적으로는 이미 죽은 자와 방불하다. 따라서 기도 응답의 확신을 잃은 것을 대수롭지 않게 생각하지 말아야 한다.

성령께서 에베소 교회를 향하여 이렇게 말씀하셨다. "그러나 너를 책망할 것이 있나니 너의 처음 사랑을 버렸느니라 그러므로 어디서 떨어졌는지를 생각하고 회개하여 처음 행위를 가지라 …"(계 2:4-5). 마찬가지로 우리에게 이렇게 말씀하신다. "그러나 너를 책망할 것이 있나니 너의 처음 믿음을 버렸느니라 그러므로 어디서 떨어졌는지를 생각하고 회개하여 처음 행위를 가지라 …".

    믿음은 과거형이 아니라 현재진행형이다. 과거의 믿음을 자랑하지 말고 지금 믿음으로 살아가야 한다. 과거에 기도를 많이 하고 열심히 전도하고 주님께 뜨겁게 헌신했어도, 지금 기도하지 않고 전도하지 않고 헌신하지 않는다면 믿음이 없는 것이다. 기도와 믿음으로 살고 있지 않다면 우리가 하나님의 손을 놓은 것이고 하나님께서 우리와 함께하시지 않는 것이다.

    기도는 믿음의 현주소를 알 수 있는 바로미터다. 기도하면 기도 응답을 확신하는 것이고, 믿음으로 살아가는 것이다. 그래서 항상 우리의 믿음을 확인해야 한다. "너희는 믿음 안에 있는가 너희 자신을 시험하고 너희 자신을 확증하라 예수 그리스도께서 너희 안에 계신 줄을 너희가 스스로 알지 못하느냐 그렇지 않으면 너희가 버림 받은 자니라"(고후 13:5).

■ 기도 응답의 확신을 유지하라

    기도한다는 것은 기도의 응답을 확신하고 있다는 증거이다. 그런데 응답이 늦어지면 믿음이 약해져서 소망이 없는 채로 기도하는 경우가 발생할 수 있다. 그런데 기도 응답의 확신이 있는 경우와 그렇지 않은 경우는 전혀 다른 결과를 가져오므로 응답의 확신을 유지해야 한다.

다윗이 고난 중에도 늘 기도할 수 있었던 것은 하나님께서 자신의 기도에 응답해 주실 것을 확신하고 있었기 때문이다.

"악을 행하는 너희는 다 나를 떠나라 여호와께서 내 울음 소리를 들으셨도다 여호와께서 내 간구를 들으셨음이여 여호와께서 내 기도를 받으시리로다"(시 6:8-9).

"하나님이여 내게 응답하시겠으므로 내가 불렀사오니 내게 귀를 기울여 내 말을 들으소서"(시 17:6).

죠지 뮬러(1805-1898)는 기도하는 한 그리스도인의 모습 앞에서 큰 감명을 받아 그리스도인이 된 후 고아원을 세워 죽을 때까지 15만여 명의 고아들을 먹였다. 그가 정부나 특정한 부자에게 손을 내밀지 않고 오직 하나님 아버지 한 분만을 신뢰하고 5만 번 이상의 기도 응답을 받을 수 있었던 이유는 무엇인가? 약속의 말씀을 믿고 응답해 주실 것을 확신하며 끝까지 기도했기 때문이다.

〈하나님의 보좌를 움직이는 기도〉의 저자 박종훈 집사(현재는 목사가 되었음)는 영국 로이드 은행 서울지점에 재직할 때와 국내 금융기관 지점장으로 재직할 때에 날마다 7시간씩 기도했다. 그가 금융기관에 다니면서 그토록 기도할 수 있었던 이유는 무엇일까? 성령께서 그렇게 할 수 있도록 힘을 주셨기 때문이지만, 기도 응답의 확신을 유지하였기 때문이다.

필자는 일반대학 졸업 후 진로를 앞두고 동두천 미디안 기도원에서 30일 동안, 신학대학원 입학을 앞두고 경기도 광주 변화산기도원에서 20일 동안, 교회 개척을 앞두고 강원도 동해기도원에서 40일 동안 장기 금식기도를 하였다. 그리고 성령 충만을 받기 위해 강원도 치악산 기도원에서 40일 동안 날마다 17시간씩 기도를 하였고, 십여 년 동안 날마다 하루 세 번씩 5시간 이상 기도하였고, 칠 년 동안 월삭 금식기도를 하였다. 이렇게 계속해서 기도한 것은 기도 응답의 확신을 유지하였기 때문이다.

　기도 응답의 확신이 없는 사람은 기도하지 않는다. 혹 기도를 해도 형식적으로 한다. 기도 응답의 확신과 기도의 시간은 비례한다. 기도의 응답을 확신할수록 주님과 더 깊이 교제한다. 기도 응답을 확신하는데 어찌 대충 기도하겠는가? 만사에 때가 있다. 기도 응답이 없다고 낙심하지 말고 확신하는 마음으로 응답받을 때까지 기도해야 한다.

05장
인도의 확신으로 살아가다

1. 왜 주님의 인도를 받아야 하는가?

인생을 종종 여행에 비유한다. 가보지 못한 곳을 여행하듯이 한 번도 걸어보지 못한 인생길을 걷는다. 가이드의 도움을 받지 못하면 여행을 알차게 할 수 없듯이 인생길에서도 누군가의 도움을 받지 못하면 성공적으로 살아갈 수 없다. 그런데 신앙생활을 제대로 하려면 주님의 도움을 철저히 받아야 한다. 왜 그럴까?

■ **성령의 인도하심으로 하나님의 자녀가 되었기 때문이다**

우리 스스로 이 세상에 나올 수 없듯이 우리 스스로 거듭나서 하나님의 자녀가 될 수 없다. 우리가 하나님의 자녀가 된 것은 자신의 힘과 능력이 아니라, 성령으로 된 것이다. *"그러므로 내가 너희에게 알리노니 하나님의 영으로 말하는 자는 누구든지 예수를 저주할 자라 하지 아니하고 또 성령으로 아니하고는 누구든지 예수를 주시라 할 수 없느니라"*(고전 12:3).

우리를 성령으로 거듭나게 하셔서 하나님의 자녀가 되게 하신 것은 우리가 하나님의 인도를 받아 하나님의 뜻대로 살아가야 할 존재라는 것을 의미한다. 따라서 성령으로 하나님의 자녀가 된 자는 당연히 주님의 인도를 받아야 한다. 바울이 *"무릇 하나님의 영으로 인도함을 받는 사람은 곧 하나님의 아들이라"*(롬 8:14)고 말한 것은 이 때문이다.

바울은 *"너희가 만일 성령의 인도하시는 바가 되면 율법 아래에 있지*

아니하리라"(갈 5:18)고 말하는데, 이는 하나님의 자녀일지라도 성령의 인도를 받지 않으면 실제로는 율법 아래에 있게 된다는 뜻이다. 그런데 율법 아래에 있다는 것은 육체의 욕심대로 살아간다는 뜻이다. "내가 이르노니 너희는 성령을 따라 행하라 그리하면 육체의 욕심을 이루지 아니하리라"(갈 5:16). 하나님의 자녀가 성령의 인도를 받지 않고 다시 육체의 욕심을 따라 살아간다면 이보다 불행한 일이 어디 있겠는가?

■ 주께서 우리의 목자이시기 때문이다

양은 목자의 음성을 듣고 따르듯이 우리는 목자이신 주님의 음성을 듣고 따라야 한다. 예수께서도 이를 아시고 주님과 우리와의 관계를 목자와 양에 비유하여 "내 양은 내 음성을 들으며 나는 그들을 알며 그들은 나를 따르느니라"(요 10:27, 참조 요 10:2-5)고 말씀하셨다.

주님의 음성을 듣고 따른다는 것은 주님의 인도를 받는다는 것이다. 왜 우리가 주님의 인도를 받아야 할까? 이는 양의 속성을 알면 쉽게 이해할 수 있다. 무엇보다도 양은 분별력이 없다. 불과 5m 전방도 볼 수 없을 만큼 선천적으로 시력이 좋지 않다. 양을 치는 개들이 옆에서 뛰어다니면 목동인 줄 알고 개를 쫓는다.

양은 스스로 자신을 방어하고 공격할 능력이 없다. 다른 동물들은 나름대로 자기를 보호하고 공격할 능력을 갖고 있다. 그러나 양은 맹수의 공격에서 자기를 방어할 수 있는 날카로운 이

빨이나 사나운 발톱도 없고 위장술도 부리지 못하며 빨리 도망하지도 못한다.

스스로 자기의 더러운 것들을 제거할 능력이 없기 때문에 목자가 털을 깎아주어야 한다. 또 이기적이므로 새끼 양들이 배가 고파 어미로 보이는 양들에게 다가가서 젖을 얻으려고 하면 매정하게 뿌리친다. 고집이 세기 때문에 목자가 없으면 자기 멋대로 하고 각자 자기 먹이를 찾는 것에만 정신을 쏟는다.

양의 이런 특성으로 볼 때 진작에 멸종되었어야 할 동물 중 하나다. 그런데 지금까지 번성하고 있는 이유는 곁에 항상 목자가 있기 때문이다. 마찬가지로 우리의 힘과 능력으로는 마귀와의 싸움에서 이길 수 없다. 대적 마귀가 우리보다 강하지만 우리가 이렇게 살아가고 있는 것은 주님께서 우리를 인도하시고 대신하여 싸워주시기 때문이다. 주님께서 우리의 목자가 되시므로 주님의 인도를 받는 것은 지극히 당연하다.

■ 사람의 도움에는 한계가 있기 때문이다

사람은 나면서부터 누군가의 도움을 받아야 한다. 갓 태어난 아이는 부모의 도움을 받아야 하고, 학교생활에서는 교사의 도움을 받아야 하고, 사회생활에서는 상사와 친구와 이웃의 도움을 받아야 한다. 혼자서는 결코 살아갈 수 없는 게 인생이다.

21세기는 한 치 앞을 내다볼 수 없는 불확실성의 시대다. 이럴수록 각 분야에서 전문가의 도움을 받아야 한다. 이는 개인이나 기업이나 국가도 마찬가지이다. 그 어느 때보다 상생을 강하게 요구하는 시대이므로 도움을 받지 않고서는 경쟁에서 뒤쳐져 성공적인 삶을 살아갈 수 없다.

그러나 아무리 각 분야 최고의 전문가에게 도움을 받아도 성공을 보장할 수 없다. 인간은 한계가 있기 때문에 미래를 정확히 예측할 수 없고 완벽하게 도움을 줄 수 없기 때문이다. 왜 의사가 오진하고 판사가 오판하는 일들이 빈번하게 발생하는가? 전지전능하신 하나님이 아니라 불완전한 사람이기 때문이다.

세계적으로 저명한 의사가 자기의 딸을 먼저 하늘나라에 보내면서 한 말이 갑자기 떠오른다. "나는 너에게 아무것도 해 줄 수 없는 무능한 자구나." 인간은 무능한 존재이므로 전지전능하신 주님의 인도를 받아야 한다. 성경은 이렇게 약속하고 있다. "이 하나님은 영원히 우리 하나님이시니 그가 우리를 죽을 때까지 인도하시리로다"(시 48:14).

영원하신 하나님께서 우리를 죽을 때까지 인도하시겠다고 약속하셨기 때문에 불완전하고 무능한 사람의 도움을 구하지 말고 전지전능하신 주님의 인도를 구해야 한다. 하나님께서 우리를 인도하시겠다고 하셨는데도 인도를 거절하는 것은 자신의 무능함을 전혀 모르는 영적 교만에서 비롯된 것이다.

■ **주님의 뜻대로 살아야 하기 때문이다**

그리스도인은 하나님의 뜻대로 살아가야 한다. 사람들이 보기에는 멋지게 살아도 주님의 뜻대로 살고 있지 않다면 이는 하나님 앞에서 아무 의미가 없다. 오히려 하나님을 대적하고 큰 죄를 범하는 것이다. 따라서 그리스도인은 주님의 뜻대로 살아야 한다.

예수께서 산상수훈에서 "나더러 주여 주여 하는 자마다 다 천국에 들어갈 것이 아니요 다만 하늘에 계신 내 아버지의 뜻대로 행하는 자라야 들어가리라"(마 7:21)고 말씀하신 것은 우리가 말씀대로 살아야 천국에 들어갈 수 있다는 뜻이 아니라 하나님의 뜻대로 살아야 함을 강조하신 것이다.

이사야 선지자는 하나님의 뜻과 우리의 생각에 하늘과 땅만큼이나 큰 차이가 있다고 말한다. "이는 내 생각이 너희의 생각과 다르며 내 길은 너희의 길과 다름이니라 여호와의 말씀이니라 이는 하늘이 땅보다 높음같이 내 길은 너희의 길보다 높으며 내 생각은 너희의 생각보다 높음이니라"(사 55:8-9).

이처럼 하나님의 생각과 우리의 생각이 다른데 어떻게 해야 하나님의 뜻대로 살아갈 수 있는가? 주님의 인도를 따르면 된다. 예수께서 공생애 동안 하나님의 뜻대로 사실 수 있었던 것은, 성령의 인도를 받으셨기 때문이다. 주님의 인도를 받는다는 것은 곧 주님의 뜻대로 살아가는 것이다.

어떻게 살아가고 있는가? 주님의 인도를 받으며 살아가는가? 앞에서 주님의 인도를 받아야 할 이유를 살펴보았지만, 사실 가장 큰 이유는 주님의 뜻대로 살아야 하기 때문이다. 하나님께서 우리의 주인이신데 그분의 뜻대로 살지 않으면 무슨 의미가 있겠는가? 주님의 뜻대로 살지 않는 것은, 주님을 부정하는 것이고 대적하는 것이다. 따라서 주님의 뜻대로 살기 위해 반드시 주님의 인도를 받아야 한다.

2. 주님의 인도를 받으려면 어떻게 해야 하는가?

성경에는 주님께서 우리를 인도하신다는 약속으로 가득 차 있다. 그런데 주님의 인도에 대한 약속은 크게 두 가지로 나눌 수 있다. 하나는 절대적인 약속으로 주님께서 일방적으로 인도하신다는 것이고(창 46:4; 출 3:8), 다른 하나는 상대적인 약속으로 우리가 주님께서 요구하시는 바를 이행하면 인도하신다는 것이다(잠 3:5-6). 따라서 후자의 약속을 경험하려면 먼저 주님께서 원하시는 것을 이루어드려야 한다.

■ 먼저 세 가지 조건을 이행해야 한다

잠언 기자는 주님의 인도를 받으려면 우리가 어떻게 해야 하는지를 가르친다. "너는 마음을 다하여 여호와를 신뢰하고 네 명철을 의지하지 말라 너는 범사에 그를 인정하라 그리하면 네 길을 지도하시리라"(잠 3:5-6). 본문은 주님의 인도를 받으려면 세 가지 사항을 이행해야 한다고 말씀하고 있다.

첫째로, 마음을 다하여 여호와를 의뢰해야 한다. '의뢰하다'는 히브리어로 '바타흐'인데 '기대다, 희망을 걸다, 확신하다'는 뜻을 갖고 있다. 따라서 '마음을 다하여 여호와를 의뢰하라'는 것은 온 마음으로 하나님께 희망을 두고 기대라는 뜻이다. 즉 마음의 무게 중심을 하나님께 기울여서 전심으로 하나님을 의지하라는 뜻이다.

왜 하나님을 전심으로 의지해야 하나님의 인도를 받을 수 있는가? 생명의 근원이 마음에서 나오는데, 주님을 전심으로 의지하지 않는 자는 주님의 인도를 구할 생각 자체를 하지 않기 때문이다. 주님을 의지하는 것과 주님의 인도를 받으려는 마음은 비례한다. 주님을 온전히 의지해야 범사에 주님의 인도를 받으려고 한다.

둘째로, 자신의 명철을 의지하지 말아야 한다. 명철은 히브리어로 '비나'인데 이는 '빈'(분간하다, 파악하다)에서 파생된 단어로서 성경에는 총명(왕상 4:29), 지혜(시 136:5, 147:5), 계략과 명철(욥 12:13) 등으로 번역되었다. 따라서 자신의 명철을 의지하지 말라는 것은 자신을 스스로 총명하고 지혜롭다고 생각하지 말아야 한다는 뜻이다.

그 이유는 무엇인가? 스스로 그렇게 생각하면 자신의 지식과 깨달음을 절대화함으로 주의 인도를 받으려고 하지 않기 때문이다. 이사야 선지자는 스스로 지혜롭다고 하며 명철하다고 하는 자들은 주님의 인도는커녕 오히려 화를 입게 된다고 말씀한다(사 5:21). 주님의 인도를 받으려면 스스로 미련하고 어리석은 자라고 인정해야 한다.

셋째로, 범사에 하나님을 인정해야 한다. '그를 인정하다'는 히브리어로 '다에후'라고 하는데 '야다'(알다)라는 단어와 '후'(그를)라는 단어가 합쳐진 말이다. 이는 어떤 학문을 배워서 지식적으로 아는 것이 아니라 구체적인 체험을 통하여 하나님을 알고서 시인하는 것을 뜻한다. 따라서 범사에 하나님을 인정하라는 뜻은 삶의 모든 영역에서 하나님의 절대적인 주권을 인정하라는 뜻이다.

왜 범사에 하나님을 인정해야 하는가? 그렇게 해야 무슨 일을 만나든지 하나님의 뜻이 있다고 믿고 하나님의 인도를 받을 생각을 하기 때문이다. 인생의 주인이 자기 자신이 아니라 주님이심을 믿는데 어찌 주님의 인도를 받으려 하지 않겠는가? 범사에 주님을 인정하는 만큼 주님의 인도를 받을 수 있다.

이렇게 세 가지 조건을 행하면 주님께서 우리를 지도하신다. '지도하다'는 히브리어로 '야쇼르'라고 하는데 '곧다, 바르다, 솔직하다, 평평하다, 평온하다' 등의 뜻을 가진다. 따라서 인도의 조건에 순종하면 하나님께서 장애물들을 제거하심으로 우리의 길을 곧게 하시고 평탄하게 하신다.

■ **세 가지 조건을 실천하고 주님의 인도를 경험한 이야기**

세 가지 조건을 이행하면 주님의 인도를 받을 수 있지만 그렇게 하는 것이 말처럼 쉬운 게 아니다. 왜 그런가? 그렇게 살아가는 훈련을 받지 않았기 때문이다. 즉 익숙하지 않기 때문이다. 그리스도를 믿기 전, 자기가 인생의 주인인 줄 알고 멋대로 살아왔는데 어떻게 옛 습관을 하루아침에 버리고 하나님의 인도를 받으려고 하겠는가? 그러나 훈련하면 세 가지를 행할 수 있고 주님의 인도를 받게 된다.

필자는 부 교역자 시절, 돈도 시간도 없어서 자동차 학원에 등록하지 못하고 시험 준비도 제대로 하지 못한 채 면허 시험을 보았다. 당시 필기시험과 실기시험을 합격해야 면허증을 딸 수 있었는데, 1차 시험에 합력하려면 1종은 80점을 넘어야 하고 2종은 70점을 넘어야 했다. 그런데 필자는 1종이라 80점을 넘겨야 하는데 3~4점이 모자라서 세 번이나 불합격하였다. 그래서 네 번째 필기시험에는 1종을 2종으로 바꿔서 간신히 합격했다.

이제 실기 시험만 합격하면 면허증을 줄 수 있게 되었다. 그런데 학원에 등록하여 코스 주행을 연습하지 않고 시험을 보았기 때문에 또 실기 시험에도 세 번이나 떨어졌다. 지금껏 시험 보는 것에는 남다른 자신감을 가졌지만, 다른 시험도 아니고 운전면허 시험을 여섯 번이나 낙방하자 창피해서 얼굴을 들 수 없었다.

네 번째 실기시험을 보는 날이었다. 당시는 운전면허 시험장이 잠실종합운동장 옆의 한강 둔치에 있었다. 시험 당일 운전면허 시험장에 갔더니 수많은 사람이 서서 순서를 기다리고 있었다. 필자도 그들 중에 끼어서 차례를 기다리고 있었다.

그런데 자신도 모르게 갑자기 "내게 능력 주시는 자 안에서 내가 모든 것을 할 수 있느니라"(빌 4:13)를 암송하며 큰소리로 기도를 하였다. 눈을 뜨자 주변 사람들이 모두 이상하다는 듯이 나를 쳐다보았다. 쥐구멍이라도 있으면 들어가고 싶은 심정이었다. 기도를 하고 싶으면 속으로 해야지 시험장에서 통성으로 하는 사람이 어디 있겠는가?

차례가 되어 운전석에 앉아서 시동을 걸고 액셀을 밟았다. 그런데 이상하게 차가 잘 나아가지를 않았다. 천천히 가다가 언덕 앞에 이르자 시동이 꺼지면서 차가 멈췄다. 감독관이 이를 보자 엄청나게 빠른 속도로 달려와서 차 안을 보더니 필자에게 이렇게 말했다. "선생님! 언덕 앞에서 3단 기어를 넣고 있으면 어떻게 합니까?"

그제야 액셀을 밟아도 차가 잘 나가지 않았고 언덕 앞에서 멈추게 된 이유를 깨달았다. 출발할 때 1단에 기어를 넣고 중간에 변속해야 하는데 처음부터 3단에 넣고 계속해서 3단으로 주행했기 때문이다. 그는 필자에게 빨리 내리라고 하더니 운전석에 앉자마자 굉장히 빠른 속도로 달렸다. 그런데 전광판에 필자의 번호와 함께 '합격'이라는 글자가 떴다.

어떻게 이런 일이 일어날 수 있었을까? 전자 시스템은 차 안에 누가 탔는지를 모르기 때문에 정해진 시간 안에 차가 목적지에 들어오자 합격 판정을 내린 것이다. 그런데 필자는 평소 정직을 외쳤기 때문에 판정이 잘못되었다고 말하기 위해 시험관리 사무실을 향해 걸어가고 있었다.

거의 사무실에 도착하여 창문을 열려는 순간 갑자기 성령의 음성이 들렸다. "이 운전면허증은 네가 나의 능력으로 모든 것이 가능하다고 고백했기에 너에게 주는 선물이다." 즉시 그 자리에서 돌이켰다. 그 당시 기쁨은 이루 말할 수 없었다. 천하를 다 얻은 기분이었다.

왜 필자가 그토록 기뻐했을까? 여러 차례 낙방하고 힘들게 운전면허를 땄기 때문이라고 생각할 수 있다. 그러나 필자가 진짜 기뻤던 이유는 다른 데 있었다. 잠언 3장 5-6절 말씀을 경험했기 때문이다. 즉 스스로의 명철을 의지하지 않고, 마음을 다하여 주님을 의지했더니 주님께서 약속하신 대로 인도하시는 것을 맛보았기 때문이다.

필자가 천안목양교회(유병석 목사 시무)에서 십수 년 전에 D3 양육부흥회를 인도한 적이 있었다. 그 교회는 군소 교단인 나사렛 성결교단에 속했지만, 당시 300명 정도 출석하고 성도들이 행복하게 신앙생활을 하는 건강한 교회였다. 집회 기간 중 그 교회의 담임목사님과 대화를 하면서 한 가지 질문을 던졌다. "목사님! 목사님은 어떻게 목회를 하시기에 성도들이 이렇게 행복하고 건강하게 신앙생활을 하죠?"

그러자 유병석 목사는 이렇게 대답했다. "저는 아무것도 하지 않습니다. 그러면 주님께서 찾아오셔서 '왜 가만히 있느냐'고 물으십니다. 그러면 저는 이렇게 대답합니다. '목회가 제 일이 아니고 주님의 일인데 주님께서 사람도 보내주시고 물질도 주셔야 하지 어떻게 제 힘과 능력으로 할 수 있습니까?' 그러면 주님께서 사람도 보내주시고 물질도 공급해주셔서 목회를 합니다."

당시 엄청난 충격을 받았다. 필자는 자신의 열심과 수고로 목회를 하고 있고, 유병석 목사는 주님의 인도를 받아서 하고 있다는 것을 깨달았기 때문이다. 그분이 목회의 고수라는 것이 느

져졌다. 쥐구멍이라도 있다면 숨고 싶은 심정이었다. 은혜를 끼치러 갔다가 도리어 더 큰 은혜를 받고 돌아온 셈이다.

몇 달 전, D3선교센터에서 제257차 D3전도중심제자훈련 세미나를 했는데 마침 유 목사님과 같은 교단 목사님이 참석해서 그분의 근황을 물었더니 몇 해 전, 예배당을 크게 건축하였고 현재는 약 장년 700여 명이 출석하는 교회로 크게 성장했다는 말을 들었다. 어디 목회뿐인가? 인생도 마찬가지다. 세 가지 조건을 이행하여 주님의 인도를 받아야 성공적인 삶을 살아갈 수 있다.

3. 주님께서는 무엇을 통해서 인도하시는가?

앞서 살펴본 바와 같이 주님의 인도를 받으려면 마음을 다하여 여호와를 신뢰하고, 자신의 명철을 의지하지 말고, 범사에 주님을 인정해야 한다. 그런데 우리가 세 가지 조건을 이행해도 주님께서 무엇으로 인도하시는지를 모르면 실제로 주님의 인도를 받을 수 없다. 주님께서 다양한 것으로 인도하시지만 이곳에서는 주요한 것만 살펴보기로 한다.

▪ 말씀을 통하여 인도하신다

인생을 살아가는 동안 수없이 많은 결정을 내려야 한다. 이런 일은 날마다 일어나고 있다. 그런데 인생의 주인이 자신이 아니라 하나님이시기 때문에 하나님의 뜻에 맞게 결정을 내려야 한다. 과연 어떻게 해야 주님의 뜻에 맞게 결정을 내릴 수 있는가? 하나님께서 말씀으로 인도하시기 때문에 말씀을 가까이하면 된다.

믿음의 사람들은 모두 말씀으로 주님의 인도를 받았다. 아브라함이 75세에 본토 친척 아비 집을 떠날 수 있었던 것도 말씀을 통해서고(창 12:4), 야곱이 세겜에서 그의 아들들이 하몰과 그의 아들 세겜을 죽인 일로 일가족이 몰살당할 수도 있는 상황에서 건짐을 받았던 것도 말씀을 통해서고(창 35:1-5), 다윗이 어려움을 극복할 수 있었던 것도 말씀을 통해서다(시 119:105).

그러나 하나님의 말씀을 가까이한다고 자동으로 말씀의 인도를 받게 되는 것이 아니다. 성경은 모든 사람에 대한 일반적인 뜻을 기록한 것이지, 각 사람에 대한 특별한 뜻을 기록한 것이 아니기 때문이다. 또한 구약시대처럼 하나님께서 각자에게 직접 귀에다 말씀하시지도 않기 때문이다. 물론 오늘날도 하나님께서 그렇게 하시는 경우가 있지만, 이는 특수한 것이지 일상적인 것은 아니다.

한동안 하나님의 말씀으로 잘못 인도받는 것을 풍자하여 만든 예화를 하나 소개한다. 한 청년이 말씀으로 하나님의 인도를 받기 위해 기도하고 성경을 무작정 폈다. 그의 눈에 처음으로 들어온 말씀은 마태복음 27장 5절이었다. "유다가 은을 성소에 던져 넣고 물러가서 스스로 목매어 죽은지라."

이 청년은 이 말씀을 자신을 향한 하나님의 뜻이라고 받아들일 수 없었다. 그래서 다시 기도하고 성경을 펴서 읽었는데 누가복음 10장 37절이었다. "… 너도 이와 같이 하라." 이 말씀도 역시 받아들일 수 없었다. 그래서 다시 성경을 펴서 읽었다. 그러자 이번에는 요한복음 13장 27절이었다. "… 속히 하라."

물론 실제로 이렇게 주님의 인도를 받고자 하는 사람은 없겠지만, 하나님의 말씀으로 인도를 받으려면 날마다 규칙적으로 말씀을 읽어야 한다. 매일 식사하고 운동해야 건강할 수 있듯이 말씀을 매일 가까이해야 영적으로 건강하게 되므로 주님의 뜻대로 살아갈 수 있다.

- **기도를 통해서 인도하신다**

　기도는 하나님과의 대화다. 대화하면 상대방의 뜻을 알 수 있듯이 기도하면 하나님의 뜻을 알게 되어 주님의 인도를 받을 수 있다. 즉 기도와 주님의 인도는 불가분의 관계다. 그런데 안타깝게도 기도를 열심히 하지만 실제로 주님의 인도를 받지 않는 사람들이 부지기수다.

　왜 이런 현상이 일어날까? 기도를 통하여 주님의 뜻을 알고 주님의 인도를 따르려는 데는 전혀 관심을 두지 않고 오직 문제를 해결하는 데만 관심을 두기 때문이다. 당연히 문제의 해결을 위해서도 기도해야 한다. 왜냐하면 성경은 곳곳에서 우리가 기도하면 문제를 해결받을 수 있다고 약속하고 있기 때문이다(시 50:15; 요 14:13-14; 빌 4:6).

　그러나 예수께서는 우리의 주인이시기 때문에 무엇보다 주님의 뜻을 알고 주님의 인도를 받기 위해 기도해야 한다. 만일 우리가 주인의 인도를 받지 않고 자기 마음대로 산다면 마지막 심판의 날에 심판을 피할 수 없다(고후 5:10). 주님의 뜻대로 순종한 것만 우리의 영원한 상급이므로 기도로 주님의 뜻을 알고 주님의 인도를 받는 삶을 살아가야 한다.

　예수께서 어떻게 십자가를 지실 수 있었는가? 십자가 처형을 앞두고 겟세마네 동산에서 기도하시던 중 십자가에 못 박혀 죽으시는 것이 하나님의 뜻인 줄을 아셨기 때문이다(마 26:36-46). 빌립이 사역을 왕성하게 하던 중 광야로 가라는 성령의 지시를 받고 어떻게 즉시 순종할 수 있었는가? '일어나'라는 것은 그가 주의 음성을 듣기 전 앉아서 기도하고 있었다는 것을 암시한다. 즉 그가 주님의 인도를 받기 위해 기도하고 있었기 때문이다(행 8:27). 안디옥교회가 세워진 지 일 년도 안 된 상황에서 성령께서 바울과 바나바를 선교사로 파송하라고 명령하셨을 때 어떻게 즉시 순종할 수 있었는가? 교회가 금식하며 기도했기 때문이다(행 13:1-3).

하나님께서는 기도를 통하여 주님의 뜻을 알게 하시고 주님의 뜻에 순종하게 하신다. 따라서 주님의 인도를 받으려면 기도해야 한다. 기도하지 않으면 주님의 뜻을 알 수 없고 주님의 인도를 받을 수 없다.

■ **상담을 통해서 인도하신다**

성경은 지혜로운 조언을 구하라고 말씀한다(잠 12:15, 20:18 등). 이를 말씀하신 것은 지혜로운 조언을 통하여 주님의 인도를 받을 수 있기 때문이다. 하나님께서는 종종 상담을 통해 주님의 뜻을 깨닫게 하신다. 그래서 내담자는 상담을 통해서 주님의 인도를 받을 수 있다.

그런데 조언과 관련하여 몇 가지 주의해야 할 것이 있다.

첫째로, 조언은 참고용에 불과하다. 조언을 들었다고 반드시 실행으로 옮겨야 하는 것은 아니다. 이런 사실을 바울을 통하여 알 수 있다. 전도자 빌립의 집에서 여러 사람이 성령의 감동을 받아 바울이 예루살렘에 가면 결박을 당한다고 말하며 가지 말라고 권했지만, 바울은 이를 받아들이지 않았다. 상담자의 권위를 인정하는 것은 좋지만 그 권위를 너무 신뢰한 나머지 하나님의 말씀처럼 생각하면 안 된다.

둘째로, 자신이 이미 결정한 것에 동의해 줄 자를 찾아 상담하면 안 된다. 일반적으로 사람들은 자기의 결정을 지지해 줄 사람을 찾아 조언을 구한다. 이런 의도로 조언을 듣는 것은 주님의 인도를 받으려고 하는 것이 아니라 자신의 동조자를 찾는 것에 불과하다. 그런 상담은 시간과 돈을 낭비할 뿐이다.

셋째로, 조언을 받고 결정한 것은 내담자의 책임이다. 조언에 따랐는데 결과가 나쁘다고 상담자를 원망하거나 불평해서는 안 된다. 도리어 모든 것을 합력하여 선을 이루실 줄 믿고 감사해야 한다(롬 8:28).

■ 상식을 통해서 인도하신다

믿음으로 살아간다는 것은 상식을 버리고 초월적인 삶을 살아가야 한다는 것을 뜻하지 않는다. 하나님께서 우리에게 건전한 판단을 하도록 상식을 주셨기 때문에 이를 무시하면 오히려 주님의 뜻대로 살아갈 수 없다. 성경은 이성을 사용할 것을 적극적으로 주문한다. "내가 말하는 것을 생각해 보라 주께서 범사에 네게 총명을 주시리라"(딤후 2:7).

상식을 어떻게 사용하면 주님의 인도를 받을 수 있는가? 하나님께서 우리에게 스스로 결정할 수 있도록 위임한 것에 대해서는 상식을 사용하면 된다. 즉 중대한 결정이 아니거나 매일 반복되는 일은 주님께서 주신 상식으로 결정하는 것이 곧 주님의 인도를 받는 것이다. 예를 들어 날마다 해야 할 일, 즉 의식주의 문제나, 생활용품을 사거나, 여가생활을 어떻게 하느냐 등에 대해서는 스스로 상황을 고려하여 판단하면 된다. 이런 상황에서도 주님의 뜻을 묻는 것은, 상식을 사용하지 않는 것이고 주님의 인도를 받는 것이 아니다.

▪ 기타 방법을 통해서 인도하신다

하나님께서 우리를 인도하시는 방법은 이루 헤아릴 수 없이 많다. 위에서 소개한 주요 방법 외 몇 가지를 더 소개한다.

첫째, 꿈을 통해서도 인도하신다. 성경은 하나님께서 꿈을 통하여 자신의 뜻을 알리신다고 말씀한다(민 12:6; 욥 33:15). 꿈으로 하나님의 인도를 받은 대표적인 인물은 신약이나 구약이나 요셉이다. 구약 성경의 요셉은 꿈을 통하여 그의 미래를 알게 하셨다. 신약 성경의 요셉은 꿈을 통하여 마리아가 성령으로 잉태한 것을 알았고(마 1:20), 꿈속에서 주의 음성을 듣고 아기 예수와 함께 애굽으로 피신하였다(마 2:13-15).

그러면 하나님께서 인도하시려고 꾸게 하신 꿈인지 아닌지를 어떻게 알 수 있는가? 시간이 지나도 생생하게 기억나거나(참조, 시 73:20), 거듭해서 꾼 꿈은 인도의 수단으로 볼 수 있다

(창 41:32). 혹자는 성령님이 오신 이후로는 꿈을 통하여 인도하시지 않는다고 주장한다. 그러나 하나님께서는 성령께서 오신 후에도 구약시대에 사용하신 방법을 사용하실 수 있기 때문에 이런 주장은 옳다고 볼 수 없다.

둘째, 천사를 통해서도 인도하신다. 천사는 하나님께서 구원 얻은 후사들을 섬기도록 부리시는 영이므로(히 1:14) 특별한 상황에서는 천사를 통하여 인도하신다. 혹자는 구약시대에나 천사가 있고 지금은 성령 시대이기 때문에 천사가 없다고 주장한다. 정말 그럴까? 베드로가 옥에 갇혔을 때 옥문을 열고 쇠사슬이 풀어지게 하여 베드로를 인도해 옥에서 구출해 낸 자는 천사였다(행 12:5-11).

베드로가 이렇게 천사의 도움을 경험한 시기는 성령께서 오신 후다. 즉 성령 시대이다. 신약시대의 바리새인과 서기관들도 천사의 존재를 인정했다(행 23:9). 바울(고전 4:9)도, 베드로(벧전 1:12)도, 요한(계 1:1)도 모두 천사의 존재와 활동을 인정하고 있다. 지금도 하나님께서 천사를 통해 우리를 인도하신다.

성령과 천사는 모두 영적 존재이므로 비슷한 면이 없지 않으나 전혀 다르므로 구별해야 한다. 성령은 하나님이시며 한 분이시다. 그러나 천사는 하나님께서 성도들을 도우라고 보내주신 자로서 이루 헤아릴 수 없이 많다(히 1:14). 성령님은 단수로만 표기하고 천사는 복수로도 표기하는 이유는 바로 이 때문이다. 또 성령의 일과 천사의 일도 다르다. 성령께서는 스스로 일하실 수 있지만 천사는 스스로 사역할 수 없고 성령의 지시를 받아야만 한다.

셋째, 영적 은사를 통해서도 인도하신다. 성령께서 교회의 유익을 위하여 영적인 은사를 주시는데, 이를 통하여 주님께서 우리를 인도하신다. 주님께서 우리를 인도하시기 위해 사용하시는 영적 은사 중 대표적인 것은 예언과 지식의 은사다. 아가보 선지자는 예언의 은사를 통하여 흉년을 대비하게 하였고(행 11:27-28), 또 바울이 예루살렘에 가면 결박당할 것을 알게 하여 이를 준비하도록 했다(행 21:10-11). 지금도 이런 영적 은사를 받은 자를 통하여 주님의 뜻을 아는 데 크게 도움을 받을 수 있다.

넷째, 환상을 통하여 인도하신다. 성경은 하나님께서 환상을 통하여 하나님의 뜻을 알게 하신다고 말씀한다(민 12:6; 욥 33:15; 시 89:19). 하나님께서 아브라함에게 환상을 통하여 장차 그의 몸에서 날 자가 하늘의 별과 같이 많게 될 것을 알게 하셨고(창 15:1-5), 에스겔은 환상 가운데서 인도를 받았고, 환상을 통하여 장차 있을 것을 보았고(겔 8:3, 11:24, 43:3), 다니엘은 환상을 통하여 하나님의 뜻을 깨달았다(단 2:19, 8:2, 10:1).

신약시대에도 다메섹의 아나니아는 환상을 통하여 하나님의 음성을 들었고(행 9:10), 고넬료와 베드로는 환상을 통하여 성령의 인도를 받았고(행 10:3,17,19, 11:5, 12:9), 바울은 밤에 드로아 환상을 통해 마케도니아로 가서 복음을 전하라는 것으로 인도를 받았다(행 16:9-10).

주님께서 오늘날도 환상을 통해서 인도하시므로 이를 경시해서는 안 된다. 그렇다고 이를 지나치게 중요하게 생각해서도 안 된다. 말씀보다 환상에 비중을 두면 신비주의 신앙에 빠질 우려가 크다. 우리를 인도하는 주요 수단은 말씀이고 환상은 보조 수단에 불과하다.

다섯째, 상황을 통해서 인도하신다. 모든 사건의 궁극적인 통제권은 하나님께 있다. 하나님께서 닫힌 문을 여시기도 하시고 열린 문을 닫기도 하신다. 따라서 닫혀 있을 때는 하나님께서 막으신다고 생각하고, 닫힌 것이 기적적으로 열리면 허락하신 것으로 인도를 받으면 된다. 상황적으로 막혔음에도 밀어붙이면 화를 당하게 된다. 가장 대표적인 자가 발람 선지자다(민 22:7-35). 발람 선지자는 나귀가 평소에 하지 않는 행동을 보고서 주님께서 그가 가는 것을 막으신다는 것을 깨닫고 가지 말았어야 했다. 그러나 이를 무시하다가 저주받은 인물로 성경에 기록되었다(벧후 2:15; 유 1:11; 계 2:14). 또한 바울이 죄수의 몸으로 '아드라뭇데노'라는 배로 로마로 가던 중 미항에 이르렀을 때 금식하는 절기가 이미 지났기 때문에 항해하면 매우 위험하다고 경고했지만, 백부장이 바울의 말보다 선장과 선주의 말을 믿고 출항하였다가 유라굴로라는 광풍을 만나 배가 파선하여 죽을 위기를 맞이하였다(행 27:9-20).

지금까지 하나님께서 무엇을 통하여 인도하시는지를 살펴보았다. 이 밖에도 많지만 앞서 밝힌 것만 잘 활용해도 주님의 인도를 받는 데는 충분하다. 말씀, 기도, 상식, 상담, 기타 방법들을 활용하여 주님의 인도를 받고 살아가야 한다.

4. 출애굽 여정을 통하여 주님의 인도 방법을 배우다

앞에서 주님께서 무엇을 통하여 인도하시는지를 살펴보았다. 이제 주님께서 어떻게 인도하시는지를 살펴보고자 한다. 혹자는 하나님께서 허락, 방해(막으심), 섭리, 자유의사 결정 등으로 인도하신다고 주장하고, 혹자는 섭리, 명령, 분별, 선포로 인도하신다고 주장한다. 그러나 필자는 하나님께서 이스라엘 백성들을 애굽에서 가나안으로 인도하신 과정을 살피면서 어떻게 우리를 인도하시는지를 발견할 수 있었다. 몇 가지 방법을 소개한다.

- **모든 것을 준비해 놓으시고 인도하신다**

부모는 모든 것을 준비한 후 자녀를 출산한다. 출산 후에 필요한 것을 구하는 부모는 거의 없다. 요즘은 출산이 임박하면 미리 병원에 입원해서 준비하기도 한다. 이렇게 육신의 부모도 준비하고 자녀를 낳는데 하물며 하나님께서 우리를 위해 모든 것을 준비해 놓지 않으셨겠는가?

필자가 침례신학대학원을 졸업한 후 미국에서 유학하려고 했지만 길이 열리지 않았다. 그래서 어쩔 수 없이 간 곳이 아세아연합신학대학원이었다. 왜냐하면 당시는 그 학교만 국내에서 유일하게 영어과정으로 강의를 했기 때문이었다. 원서를 읽고 과제를 하는 것은 어느 정도 따라갈 수 있었지만, 강의를 전혀 알아들을 수 없었기 때문에 고통의 나날을 보냈다.

첫 학기 종강을 한 주 앞둔 상황에서 더는 학업을 할 수 없다는 생각이 들어 중도 포기를 결심하고 한밤중에 신학교 뒷산에 올라가 기도했다. 간절히 기도하던 중, 갑자기 그날 아침에 큐티를 한 말씀이 떠올랐다. "그리하면 여호와 그가 네 앞에서 가시며 너와 함께 하사 너를 떠나지 아니하시며 버리지 아니하시리니 너는 두려워하지 말라 놀라지 말라"(신 31:8, 참조 신 1:31).

그리고 그 순간 신학교에 혼자 온 것이 아니라 주님께서 먼저 와 계셨고, 지금 함께하신다는 확신이 들었다. 그러자 무거운 짐이 한순간에 사라져버렸고 뛸 듯이 기뻤고 자신감으로 충만해졌다. 곧바로 하산하여 짐을 풀고 2년 과정을 모두 마칠 수 있었다.

지금 감당할 수 없을 정도로 힘들고 어려운가? 그렇다면 상황만 보지 말고 신명기 31장 8절 말씀을 깊이 묵상할 것을 권한다. 하나님께서 모든 것을 준비해 놓고 인도하신다는 것을 확신하면 어떤 고난도 넉넉히 이길 수 있다.

■ **속도보다는 우리의 안전을 고려하여 인도하신다**

애굽에서 가나안까지는 7일이면 도달할 수 있었다. 그런데 왜 하나님께서 이스라엘 백성을 가까운 길이 아니라 먼 길로 돌아가도록 인도하셨는가? 당시 철제 무기를 가진 블레셋 사람들이 가까운 길목에 진을 치고 있었기 때문에 애굽에서 400년간 노예로 살았던 이스라엘 백성들이 이를 보면 두려워하여 다시 애굽으로 돌아간다고 할 것을 아셨기 때문이다(출 13:17-18).

하나님께서 이렇게 인도하신 것을 통하여 무엇을 깨달아야 하는가? 속도보다는 우리의 안전을 고려하여 인도하신다는 것이다. 따라서 소원하는 일이 빨리 이루어지지 않는다고 낙심하거나 주님의 인도를 의심하면 안 된다.

하나님께서 우리의 소원을 늦게 이루어주시는 것은 그것이 빨리 이루어지면 위험하거나 우리에게 유익하지 않다는 것을 아시기 때문이다. 일반적으로 하나님께서 오랫동안 연단의 과정을 거쳐서 높은 자리에 오르게 하시는 것은 바로 이 때문이다.

■ 전혀 예상치 못한 방법으로 인도하신다

하나님께서 이스라엘 백성들을 애굽에서 불러내시어 광야를 걷게 하실 때 낮에는 구름 기둥으로 밤에는 불기둥으로 인도하셔서 주야로 진행하게 하셨다(출 13:21). 당시 이스라엘 백성은 유아 외에 보행하는 장정이 60만 명 가량이므로(출 12:37) 여성들과 노인들, 20세 이하의 자녀들, 그리고 수많은 잡족(출 12:38)을 포함하면 적어도 300만 명은 족히 넘는다고 볼 수 있다.

그들 중에는 갓난아이와 노인들이 상당히 많았을 것이다. 그런데 하나님께서 그들을 낮에 구름 기둥으로, 밤에는 불기둥으로 인도하시지 않았다면 혹독한 더위와 추위를 견디지 못하여 광야에서 죽는 자들이 속출했을 것이다. 하나님께서 이를 미리 아시고 그들을 구름 기둥과 불기둥으로 인도하신 것이다.

그런데 당시 이스라엘 백성들이 이를 예상했는가? 전혀 예상하지 못했다. 지금도 주님께서 우리가 전혀 예상치 못하는 방법으로 인도해가신다. 따라서 현재의 어려움만 보고 절망하지 말고 전혀 예상치 못하는 방법으로 인도하실 것을 믿고 주님께 소망을 두어야 한다.

필자는 젊은 시절에 다음과 같은 궁금증을 갖고 있었다. '하나님께서 어떻게 구름 기둥으로 수백만 명이나 되는 이스라엘 백성들을 작열하는 태양으로부터 보호하셨을까?' 그런데 한 사건을 통해 이에 대한 궁금증이 완전히 사라지게 되었다. 3박 4일간 청년대학부 하기 수련회를 인도하고 교회에 도착하자마자, 서울 한강 둔치에서 열리는 대형 전도 집회에 참석해 설교해 달라는 요청을 받은 적이 있다.

그런데 수련회에서 설교와 강의를 많이 해서 말을 할 수 없을 정도로 목이 쉬었고 너무 피곤했기 때문에 정중히 거절했다. 그래도 섭외자는 포기하지 않고 십여 차례나 부탁했다. 실랑이를 벌이다가 갑자기 혹 주님의 뜻이 있을지도 모른다는 생각이 들어 수락하고 곧바로 설교 준비를 시작하였다.

필자는 나도 모르게 다음과 같이 적었다. "이스라엘 백성들을 광야에서 인도하실 때에 구름 기둥으로 태양을 막으셔서 그들을 보호하셨던 하나님! 제가 8월 11일 오후 2시에 한강 둔치에서 복음을 전할 때에 구름으로 태양을 막아 집회에 참석한 자들을 보호하소서."

당일 집회 장소에 갔더니 땡볕 아래 수백 명이 앉아 손뼉을 치며 찬양을 하고 있었다. 설교할 시간이 되어 강단에 올라가 원고에 있는 말을 하려고 했지만 구름이 한 점도 없었기에 한마디도 언급하지 않고 곧바로 본론으로 들어가려고 했다. 그런데 갑자기 참석한 사람들이 필자를 보지 않고 하늘을 쳐다보았다.

그래서 필자는 "왜 저를 보지 않고 하늘을 쳐다봅니까?"라고 물었다. 그러자 그들은 손가락으로 하늘을 가리키며 보라고 했다. 하늘을 쳐다보니 구름이 나타나서 태양을 가로막고 있었다. 진행 위원이 사진을 찍었는데 마치 천사가 무릎을 꿇고 기도하는 것 같은 모습이 찍혔다. 이날 이후로 성경에 나오는 기적은 하나도 의심하지 않고 전적으로 믿게 되었다.

■ **각종 문제 가운데서 인도하신다**

우리가 알다시피 이스라엘 백성들이 주님의 인도로 애굽의 압제에서 해방을 받아 광야 40년을 지나는 동안 하루도 문제없는 날이 없었다. 이 문제가 해결되면 또 다른 문제가 터졌다. 그런데 문제가 터진 것은 그들이 하나님의 인도를 따르지 않았기 때문이 아니었다. "모세가 홍해에서 이스라엘을 인도하매 그들이 나와서 수르 광야로 들어가서 거기서 사흘길을 걸었으나 물을 얻지 못하고 마라에 이르렀더니 그곳 물이 써서 마시지 못하겠으므로 그 이름을 마라라 하였더라"(출 15:22-23).

이스라엘 백성들이 주님의 인도를 받아 수르 광야로 갔지만, 사흘 동안이나 마실 물을 찾지 못했다. 이를 통하여 무엇을 깨달아야 하는가? 하나님의 인도를 받는다고 전혀 문제가 없는 것이 아니라는 것이다. 주님께서는 각종 문제 가운데서 인도하신다. 따라서 아무런 문제가 없도록 기도하는 것은 주님의 뜻이 아니다.

이런 사실은 소위 칠병이어의 기적을 통해서도 확인할 수 있다. 마태와 마가는 예수께서 광야에서 보리 떡 일곱 개와 물고기 두어 마리로 장정만 약 사천 명을 먹이신 사건을 소개한다. 그런데 그들 모두 예수께서 이를 행하시면서 하신 말씀을 기록하고 있다.

"예수께서 제자들을 불러 이르시되 내가 무리를 불쌍히 여기노라 그들이 나와 함께 있은 지 이미 사흘이매 먹을 것이 없도다 …"(마 15:32).

"내가 무리를 불쌍히 여기노라 그들이 나와 함께 있은지 이미 사흘이 지났으나 먹을 것이 없도다"(막 8:2).

마태와 마가 모두 '그들이 나와 함께 있은 지 이미 사흘이매'라고 말한다. 두 기자가 무엇을 말하려는 것인가? 예수께서 그들과 함께 계셨어도 그들이 먹을 게 없어서 굶주렸다는 것이다. 예수께서 우리와 함께하신다고 아무런 문제가 없는 것이 아니다. 주님께서 우리와 함께하시듯이 항상 문제도 우리와 함께한다.

하나님께서 우리를 인도하시는데, 왜 즉시 문제를 해결해 주시지 않을까? 사람은 누구든지 고난이 없으면 주님을 의지하지 않기 때문이다. 각종 문제는 주님의 인도를 받도록 하나님께서 보내시는 경고등이다. 따라서 각종 문제를 만나면 원망과 불평을 하지 말고 주님의 인도를 받기 위해 그분 앞에 엎드려야 한다.

■ **죄를 징계하시며 인도하신다**

하나님께서 모세가 구스 여자를 취했을 때 미리암과 아론이 모세를 비방하자 그들을 진노하셨는데, 미리암은 나병에 걸리게 하시고 진영 밖에 일주일 동안 갇혀 있도록 한 후에야 이스라엘 백성들을 행진하게 하셨다(민 12:14, 참조 민 14:26-35).

하나님께서 이렇게 이스라엘 백성들을 인도하신 것을 통하여 무엇을 알 수 있는가? 주님께서는 주의 자녀들의 죄를 징계하시면서 인도하신다는 것이다. 따라서 주님께 징계를 받을 때 주의 인도하심을 의심하지 말아야 한다.

성경은 우리가 주님의 징계를 받는 것은 하나님의 자녀라는 것을 입증하는 것이라고 말씀한다. "주께서 그 사랑하시는 자를 징계하시고 그가 받아들이시는 아들마다 채찍질하심이라 하였으니 너희가 참음은 징계를 받기 위함이라 하나님이 아들과 같이 너희를 대우하시나니 어찌 아버지가 징계하지 않는 아들이 있으리요"(히 12:6-7).

혹 범한 죄로 하나님께 징계를 받고 있는가? 그렇다고 주님께서 인도하시지 않는다고 생각해서는 안 된다. 만일 그렇게 생각하면 주님께 인도받을 생각조차 하지 않고 자기 맘대로 살게 되어 더 큰 죄를 범하게 된다. 주님께서는 우리의 죄를 징계하시며 인도하신다는 것을 깨닫고 혹 죄를 범해도 주님의 인도를 구해야 한다.

▪ 필요를 채워주시며 인도하신다

하나님께서 이스라엘 백성들에게 광야 40년 동안에 만나를 내려주셨다. 그러나 그들이 가나안 땅 접경에 이른 후에는 그 일을 멈추셨다(출 16:35). 즉 하나님께서 내려주시던 만나를 멈추신 때는 이스라엘 백성이 가나안 땅에 들어가서 농사하고 그 땅의 소출을 먹은 후다. "또 그 땅의 소산물을 먹은 다음 날에 만나가 그쳤으니 이스라엘 사람들이 다시는 만나를 얻지 못하였고 그 해에 가나안 땅의 소출을 먹었더라"(수 5:12).

이처럼 하나님께 광야 40년 동안에는 만나를 내려주시다가 그들이 가나안 땅에 정착하여 농사를 지어 땅의 소출을 양식으로 삼은 후에는 내려주시지 않은 것을 통하여 무엇을 깨달아야 하는가? 하나님께서 우리의 모든 필요를 아시고 주님의 방법으로 채워주신다는 것이다.

이스라엘 백성들은 광야에서 40년을 지내는 동안 어떤 때는 다음과 같은 생각을 했을 것이다. '만약 하늘에서 만나가 내려오지 않으면 무엇을 먹고 살지?' 그러나 이는 기우에 불과했다. 그들이 가나안 땅에 정착하여 농사를 짓고 소산물을 먹기까지 만나를 내려주셨다. 마찬가지로 하나님께서 광야와 같은 이 세상을 살아가는 우리에게도 천국에 들어가는 그날까지 모든 필요를 채워주시며 인도하신다.

5. 주님의 인도를 받으면 다윗처럼 살아갈 수 있다

다윗은 시편 23편에서 자신과 하나님과의 관계를 목자와 양의 관계로 비유하여 주님의 인도를 따르는 자의 삶이 어떠한지를 고백하고 있다. 우리도 주님의 인도를 따르면 다윗의 고백과 같은 삶을 살아갈 수 있다. 잘 알고 있지만 음미하며 읽으면 새로운 은혜가 임할 것이다.

"여호와는 나의 목자시니 내게 부족함이 없으리로다 그가 나를 푸른 풀밭에 누이시며 쉴 만한 물 가로 인도하시는도다 내 영혼을 소생시키시고 자기 이름을 위하여 의의 길로 인도하시는도다 내가 사망의 음침한 골짜기로 다닐지라도 해를 두려워하지 않을 것은 주께서 나와 함께 하심이라 주의 지팡이와 막대기가 나를 안위하시나이다 주께서 내 원수의 목전에서 내게 상을 차려 주시고 기름을 내 머리에 부으셨으니 내 잔이 넘치나이다 내 평생에 선하심과 인자하심이 반드시 나를 따르리니 내가 여호와의 집에 영원히 살리로다"(시 23:1-6).

■ **만족한 삶을 누린다**

다윗은 '여호와는 우리의 목자시니 우리가 부족함이 없으리로다'라고 말하지 않고 "여호와는 나의 목자시니 내게 부족함이 없으리로다"(1절)라고 말한다. 이는 그의 개인적인 경험을 고백한 것이다. 사실 다윗은 수없이 많은 인생의 환난을 경험했다.

그런데 다윗이 어떻게 이런 고백을 할 수 있었는가? 다윗은 목자였기 때문에 목자와 양의 관계를 가장 잘 알고 있었다. 양은 어리석고 미련하지만, 목자의 인도만 받으면 실제로 부족함이 없이 살아갈 수 있다. 그도 목자이신 여호와의 인도를 받았기에 부족함이 없다고 고백한 것이다.

혹시 부족함을 느끼고 있는가? 그렇다면 목자이신 주님의 인도를 받지 않고 살고 있다는 증거다. 따라서 지금 다윗과 같은 고백을 하지 못하고 있다면 주님의 인도를 받고 있는지를 점검해야 한다. 주님의 인도를 받지 않는 자는 이 세상의 것을 모두 갖고 있어도 만족함이 없지만, 주님의 인도를 받는 자는 가진 게 없어도 주님 한 분만으로 만족을 누리며 산다.

■ 풍성한 삶을 누린다

다윗은 "그가 나를 푸른 풀밭에 누이시며 …"(2절)라고 고백한다. 양에게 '풀밭이 푸르다'는 것은 먹을 양식이 많다는 것을 뜻한다. 또 양들은 속성상 배가 고프거나 위험을 인지하면 절대로 눕지 않는데 누웠다는 것은 배불리 먹고 안전이 확보되었다는 것을 뜻한다. 따라서 다윗이 이렇게 고백한 것은 주님께서 자기의 목자이시기에 풍성한 삶을 누린다는 것이다.

예수께서도 우리에게 풍성한 삶을 약속하셨다. "… 내가 온 것은 양으로 생명을 얻게 하고 더 풍성히 얻게 하려는 것이라"(요 10:10). 물론 예수께서 이렇게 말씀하신 것은 물질적인 의미보다는 영적인 의미이다. 그러나 주님의 인도를 받으면 영과 육으로 풍성함을 누릴 수 있다.

 혹 경제적으로 어렵다고 주님의 인도를 따르지 않고 자기의 계획을 따르고 있지는 아니한가? 물론 주님의 인도를 받지 않고 사업을 해도 얼마든지 성공할 수 있고, 육신적으로 풍성한 삶을 살아갈 수 있다. 그러나 한 가지 분명한 사실은 영적으로는 절대 풍성한 삶을 살 수 없다는 것이다. 그리고 주님의 인도를 받지 않고 살면 마침내 영적 생명에 큰 타격을 받는다는 것을 알아야 한다.

■ 안식을 누린다

 다윗은 "… 쉴 만한 물 가로 인도하시는도다"(2절)라고 고백한다. '쉴 만한 물 가'는 '양이 쉴 만한 물 가', 즉 적당한 물 가라는 뜻과 '물이 천천히 흐르는 물 가'라는 뜻을 내포한다. 양은 빠르게 흐르는 물을 마시지 않기 때문에 목자는 쉴 만한 물 가로 인도한다. 한마디로 양에게 쉴 만한 물 가란 편히 쉴 수 있는 곳, 즉 안식처를 뜻한다.

 다윗은 하나님께서 자기를 안식할 장소로 인도하신다고 고백한다. 이는 주님의 인도를 받지 않으면 진정한 안식을 누릴 수 없다는 뜻이다. 그래서 예수께서도 "수고하고 무거운 짐 진 자들아 다 내게로 오라 내가 너희를 쉬게 하리라"(마 11:28)고 말씀하신 것이다. 참 안식은 그리스도 안에서만 누릴 수 있다.

 어거스틴은 〈참회록〉에서 "오 주님! … 당신에게 찬양을 드릴 때에 우리에게 기쁨이 있습니다. 왜냐하면 당신은 우리를 당신을 향해서 살도록 창조하셨으므로 우리 마음이 당신 안에서 안식할 때까지 편안하지 않습니다"(제1권 제1장에서)라고 고백했다.

혹 다른 것으로 안식을 누리려고 하지는 않는가? 그렇다면 마귀에게 속고 있다는 증거다. 참 안식은 소유가 아니라 주님과의 관계에서 오는 것이다. 주님의 인도를 받는 자만이 안식을 누릴 수 있다. 지금 안식을 누리지 못하고 있다면 주님을 목자로 모시고 있지 않다는 것이다.

■ 회복의 은혜를 경험한다

다윗은 "내 영혼을 소생시키시고 …"(3절)라고 고백한다. '소생시킨다'는 것은 '원래 있는 자리로 돌려놓는다'라는 뜻이다. 이는 원래 있어야 할 자리에서 이탈했다는 것을 전제로 한다. 양은 시력이 나빠서 멀리 보지 못할 뿐 아니라 이기적이라 눈 앞엣것만 따라가므로 원래 있던 무리에서 쉽게 이탈하여 다른 짐승들의 먹잇감이 된다. 또 새끼를 배거나 털이 많이 자라거나 살이 찐 상태에서 뒤집어지면 쉽게 일어나지 못하여 배에 가스가 차서 죽거나 다른 동물의 먹잇감이 된다.

양은 스스로 일어나지를 못한다. 그래서 양이 넘어져 있으면 목자는 즉시 나서서 일으켜 세워서 죽지 않게 하거나 짐승의 먹잇감이 되지 않게 해 준다. 마찬가지로 주님께서 우리의 영혼을 소생시킨다는 것은 우리가 양처럼 주님을 떠나서 시험에 들고 마귀에게 종노릇할 때 찾아오셔서 건져주시고 원 상태로 되돌리신다는 것이다.

우리 모두에게 회복의 은혜가 필요하다. 사람마다 정도의 차이가 있을 뿐 회복이 필요하지 않은 자는 하나도 없다. 주님께서는 육신의 회복, 정신적인 회복, 영적인 회복을 베푸시기를 원하신다. 주님의 인도를 받는 자에게 회복의 은혜를 부어주신다. 회복의 은혜를 받고 다윗처럼 고백해야 한다.

- **바른길을 걷게 된다**

다윗은 "… 자기 이름을 위하여 의의 길로 인도하시는도다"(3절)라고 고백한다. '의의 길'은 바른길을 뜻한다. 즉 하나님께서 자기 이름을 위하여 우리를 바른길로 인도하신다는 것이다. 양들은 옮겨가는 것보다 그 자리에 있는 것을 좋아하므로 먹을 게 없어서 풀이 바닥나서 풀뿌리까지 파먹으면서도 다른 곳으로 옮겨가지를 않는다.

목자는 이런 양의 특성을 알기에 어느 정도 풀을 뜯어 먹으면 양들이 원하지 않아도 계획한 곳으로 옮겨서 좋은 풀을 뜯어 먹게 하고, 목초지도 폐허가 되지 않게 되고, 선한 목자라는 명예를 얻는다. 마찬가지로 하나님께서도 자신의 명예를 걸고 계획하신 길로 우리를 인도하신다.

그렇다면 하나님께서 계획하신 길, 즉 의의 길이란 무엇인가? 성경은 하나님의 뜻과 계획을 기록한 책이므로 성경에 기록된 대로 순종하는 것이 의의 길이다. 따라서 자기 이름을 위하여 의의 길로 인도하신다는 것은 하나님께서 명예를 걸고 우리를 하나님의 말씀에 순종하도록 인도하신다는 뜻이다. 따라서 주님의 인도를 받는 사람은 하나님의 말씀에 순종해야 한다.

특별히 우리가 우선하여 순종해야 할 말씀은 복음을 전하라는 명령이다. 따라서 복음 전도자로 살아가지 않는 것은 바른길로 가는 것이 아니다. 왜 하나님께서 폭발적으로 성장하던 예루살렘교회를 흩으셨는가? 그들이 "오직 성령이 너희에게 임하시면 너희가 권능을 받고 예루살렘과 온 유대와 사마리아와 땅끝까지 이르러 내 증인이 되리라 하시니라"(행 1:8)는 명령에 순종하지 않고, 양처럼 다른 곳으로 옮겨서 복음을 전하지 않고 예루살렘에만 머물러 있었기 때문이다. 그런데 그들이 큰 박해를 당한 후 유대와 사마리아 모든 땅으로 흩어져 복음을 전한 것은 주님의 인도를 받아 바른길로 간 것이다.

지금 어떤 길을 걷고 있는가? 주님의 인도를 받아 의의 길을 걷고 있는가? 주님께서 인도하시는 최고의 바른길은 복음 전도를 하는 것이므로 삶 가운데서 전도하지 않는 것은 주님의 인도를 받지 않고 살아가고 있다는 것이다.

▪ 두려움 없이 살아갈 수 있다

다윗은 "내가 사망의 음침한 골짜기로 다닐지라도 해를 두려워하지 않을 것은 주께서 나와 함께 하심이라 …"(4절)고 고백한다. 목자들은 여름철이 다가오면서 영양가 있고 싱싱한 꼴이 많은 산등성으로 이동하고, 겨울철이 다가오면 험한 산을 넘어 좀 더 따뜻한 곳을 찾아가는데 이때 반드시 거쳐야 하는 곳이 골짜기다.

양들은 골짜기를 따라가면 가장 빠르고 쉽게 산등성으로 오를 수 있고, 언제든지 물을 마실 수 있기 때문에 골짜기로 이동하는 것을 선호한다. 그러나 늑대나 사나운 짐승이 음침한 골짜기에서 숨었다가 언제 나타나서 공격할지 모를 뿐 아니라 자칫 잘못하면 떨어져 죽을 수도 있기 때문에 양들에게는 매우 위험한 곳이기도 하다. 목자는 이를 너무 잘 알고 있기 때문에 골짜기를 통과할 때 양과 더욱 가까이한다. 그리고 위험한 상황이 벌어지면 즉시 손을 내밀어 양을 건져낸다.

마찬가지로 우리도 사망의 음침한 골짜기를 통과할 때가 있다. 예를 들어 갑작스럽게 사업의 실패나 실직으로 경제적인 어려움을 겪거나, 불의의 사고나 질병으로 건강을 잃고 병상에 눕거나, 가족이나 사랑하는 자와 사별을 하는 경우가 있다. 이런 일을 당하면 사람들은 하나님의 사랑을 의심하기도 하고 시험에 들기도 한다. 그러나 이럴 때는 하나님께서 더욱 함께하시고 구원을 베푸시기 때문에 두려워하지 말아야 한다.

지금 무슨 일로 두려워하고 있는가? 만일 두려움이 있다면 그것은 상황의 문제라기보다는 하나님께서 함께하신다는 확신이 없기 때문이다. 골짜기는 머무는 곳이 아니라 지나가는 곳이다. 잠시 지나가는 과정에서 겪는 시험에도 하나님께서 함께하신다는 것을 믿고 두려워하지 말아야 한다.

■ **주님의 위로를 받는다**

다윗은 "… 주의 지팡이와 막대기가 나를 안위하시나이다"(4절)라고 고백한다. 다윗이 이렇게 고백한 것은 그가 목자로서 지팡이와 막대기로 양을 인도한 경험이 있었기 때문이다. 다윗은 양 떼를 탈취하려는 도적이나, 혹은 사나운 짐승들의 습격을 받았을 때 지팡이와 막대기를 사용하여 양 떼를 보호했다. 또 목초지를 이동하기 위해 골짜기를 통과하거나 갑자기 계곡물이 불어나거나 벼랑이나 웅덩이로 떨어지는 위험한 상황에서 막대기와 지팡이로 양들을 살려냈다.

다윗도 주의 지팡이와 막대기로 수없이 건짐을 받았다. 다윗의 인생에 얼마나 위기가 많았는가? 그때마다 목자이신 하나님께서 그를 건져주셨다. 특별히 사울이 십수 년간 죽이려고 추격하고, 모든 백성이 사울의 편에 서서 밀고자가 되고, 완전무장을 한 군사들이 그를 공격하고, 동굴에 꼼짝없이 갇혔을 때 다윗이 무사했던 것은 목자가 지팡이와 막대기로 양을 지키듯이, 하나님께서 지팡이와 막대기로 그를 지켜주셨기 때문이다.

그런데 다윗이 주의 지팡이와 막대기가 그를 '지켜주신다'고 하지 않고 '안위한다'고 말한 것에 주목해야 한다. 안위(히, 나함)는 '애석해하다, 유감으로 생각하다, 위로하다'라는 뜻을 가진다. 즉 다윗은 힘들고 어려운 시기를 통과할 때 주의 지팡이와 막대기로 위로를 받았다는 것이다.

그러면 다윗이 말한 주의 막대기와 지팡이는 오늘날 무엇을 의미하는가? 일반적으로 주의 막대기는 말씀을 의미하고 지팡이는 성령님을 뜻한다고 말한다. 필자도 이런 견해에 동의한다. 인생을 살아가다 보면 사망의 음침한 골짜기를 통과할 때가 있는데 이런 상황에서도 하나님께서는 말씀과 성령으로 우리를 위로해주신다.

정말 힘들고 어려운 상황인가? 사람의 위로가 아니라 말씀과 성령으로 위로를 받으려고 해야 한다. 감당할 수 없는 상황에서도 주님의 위로를 받으면 넉넉히 이길 수 있다. 초대교회가 핍박 중에도 성장해 갈 수 있었던 것은 성령의 위로가 있었기 때문이다(행 9:31).

■ **하나님의 보호와 환대를 받으며 살아간다**

다윗은 "주께서 내 원수의 목전에서 내게 상을 차려주시고 기름을 내 머리에 부으셨으니 내 잔이 넘치나이다"(5절)라고 고백한다. 다윗은 지금껏 하나님을 목자에 비유하다가 여기서는 집주인에 비유한다. 고대 근동 지방에서는 손님을 극진히 접대할 때에 상을 차려 주고 머리에 기름을 붓는다.

그런데 '내 원수의 목전에서 내게 상을 차려주시고'에서 상은 상급이 아니라 밥상을 뜻한다. 양이 골짜기를 다 지난 후에 높은 지대로 올라가면 마음껏 풀을 즐겁게 먹을 수 있는데 이는 마치 주인이 잔칫상을 차려놓은 것과 같다. 원수의 목전에서 상을 차려주신다는 것은 늑대와 이리가 앞에서 으르렁대도 목자가 막아주시기 때문에 양들이 마음껏 풀을 뜯어 먹을 수 있다는 것이다. 이는 마귀가 공격하지만, 주님께서 우리를 보호해 주시고 환대해 주시기 때문에 마음껏 행복을 누릴 수 있다는 것을 뜻한다. 또 종말에 주님께서 천국에서 잔치를 배설하실 것을 예표한다(눅 12:37).

다윗은 "… 내 머리에 기름을 바르셨으니 …"(4절)라고 고백한다. 다윗이 이렇게 말한 것은 어떤 의미인지에 대해서는 해석이 분분하다. 혹자는 다윗이 메시아 사역을 예언한 것이라고 해석한다. 그러나 머리에 기름을 부어 왕이나 제사장으로 삼을 때는 '마샤크'라는 동사를 사용하는데 여기서는 '다쉔'이라는 동사를 사용했다. 이는 기본적으로 '살을 찌게 하다'는 뜻이다.

혹자는 목자가 양의 머리에 기름을 바르는 여러 이유를 해충이 공격하지 못하도록, 머리로 부딪혀 싸울 때 미끄러져서 다치지 않도록, 전염병을 옮기지 못하도록 등으로 해석한다. 그러나 이런 해석은 다윗의 본래 의도와 전혀 관련이 없다.

다윗이 '내 머리에 기름을 바르셨다'고 말한 것은 전후 문맥과의 상관관계를 살펴서 해석해야 한다. 즉 앞 문장인 '원수의 목전에서 상을 베풀어 주신다'와 뒤 문장인 '내 잔이 넘치나이다'를 연관하여 해석해야 한다. 앞뒤 문장에 등장하는 '상'과 '잔'은 모두 잔치와 관련한 용어다. 즉 다윗이 하나님께서 자신의 머리에 기름을 부으셨다는 것은, 하나님께서 배설하신 잔치에 자신이 극진하게 초대를 받았다고 고백한 것이다(참조, 눅 7:46).

그러면 오늘날 하나님께서 다윗의 머리에 기름을 부어주셨다는 것을 우리에게 어떻게 적용해야 하는가? 주님의 인도를 받아 살면 하나님께 귀한 대접을 받고 살아갈 수 있다는 것이다. 이 세상에서 한 나라의 최고 통치자의 초대를 받아도 자랑스럽고 영광스러운데 하물며 만왕의 왕이신 하나님께서 베푸신 잔치에 정중하게 귀한 손님으로 대접받으면 얼마나 영광스럽겠는가?

주님께서 우리를 인도하신다고 약속하셨기 때문에 이를 확신하고 주님의 인도를 받아 살아가야 한다. 날마다 하루를 시작하면서 시편 48편 14절에서 '우리' 대신에 자기의 이름으로 넣어서 크게 외칠 것을 권한다.

이 하나님은 영원히 OOO의 하나님이시니 그가 OOO를 죽을 때까지 인도하시리로다.

06장
임마누엘의 확신으로 살아가다

1. 예수의 다른 이름, 임마누엘을 추적하다

임마누엘이라는 단어를 교회나 성가대나 상점 등의 이름에서 쉽게 찾아볼 수 있다. 그리스도인들은 누구든지 이 단어를 선호한다. 왜 그럴까? 이는 임마누엘이라는 단어가 가진 의미 때문이다. 임마누엘은 하나님께서 우리와 함께하신다는 뜻이다. 유한한 인간에게 전능하신 하나님께서 함께하시는 것보다 더 큰 복이 어디 있겠는가?

▪ 임마누엘의 근원을 살피다

임마누엘이라는 단어는 구약성경 이사야 7장 14절과 8장 8절에, 신약성경 마태복음 1장 23절에 나온다. 즉 임마누엘은 이사야 선지자가 가장 먼저 사용했다. 그가 임마누엘이라는 단어를 사용한 데는 역사적 배경이 있다. 당시 북 왕국 이스라엘과 시리아의 연합군대가 남 유다왕국을 쳐들어온다는 소식이 전해지자, 유다 왕 아하스와 그의 백성들은 몹시 불안하여 마치 거센 바람 앞에서 요동하는 수풀처럼 흔들렸다.

바로 이런 상황에서 이사야 선지자가 왕을 찾아가 두 연합군의 남침을 두려워 말고, 앗수르 왕에게도 도움을 청하지 말고, 오직 여호와만 의지할 것을 권고하면서 한 말이 이사야 7장 14절 말씀이다. "그러므로 주께서 친히 징조를 너희에게 주실 것이라 보라 처녀가 잉태하여 아들을 낳을 것이요 그 이름을 임마누엘이라 하리라."

이 구절은 학자들 간에 논란이 많은 구절 가운데 하나이다. 먼저 '처녀'에 대하여 살펴보자. 처녀에 대해 논란이 일고 있는 이유는 이사야 7장 14절에서 처녀로 번역된 히브리어가 '베툴라'가 아니라 '알마'이기 때문이다. 구약성경에서 베툴라는 약 50여 회, 알마는 약 7회 나온다(창 24:43; 출 2:8; 시 68:25; 잠 30:19; 아 1:3, 6:8; 사 7:14).

베툴라는 남자와 경험이 전혀 없는 숫처녀를 뜻하고, 알마는 혼인기에 있는 젊은 여자를 뜻한다. 즉 알마는 청년과 대조를 이루는 단어로 결혼한 여자를 가리키지 않고, 순결성을 지닌 처녀를 가르킨다. 이런 사실은 신명기 22장 23절에서 '처녀인 여자'라고 할 때 '여자'가 알마인 것을 통해서도 알 수 있다. 그뿐 아니라 여성명사 '알마(Almah)'와 같은 어근인 남성명사 '알람(Allam)'도 결혼 전의 소년에게 쓰인 것을 통해서 알마가 결혼 전의 처녀인 것을 알 수 있다(삼상 17:56).

■ 처녀가 낳을 임마누엘은 누구인가?

그러면 이사야 7장 14절에 등장하는 임마누엘은 누구를 가리키는가? 유대교나 일부 신학자들은 해당 구절은 메시아 탄생을 예언한 것이 아니라, 당시 아하스와 유다왕국이 처한 국가적 어려움 가운데 임마누엘이라는 실제 아이의 탄생에 대한 표적이라고 주장한다.

우리가 알다시피 이사야 7장 14절은 이사야 선지자가 장차 일어날 일을 예언한 것이다. 그런데 예언은 다중적 성취 구조를 가진다. 즉 가까운 미래에 일어날 사건에 대한 예언, 먼 훗날에 이루어질 사건에 대한 예언, 종말에 이루어질 일에 대한 예언 등을 함축한다.

예를 들어 예수께서 마태복음 24장에서 예언하신 것은 A.D. 70년경에 일어난 예루살렘의 멸망에 대한 예언일 뿐 아니라 말세에 이 세상이 멸망될 것에 대한 예언이다.

또 이사야 선지자가 여호와께서 이스라엘의 쫓긴 자를 모으시고 땅 사방으로부터 유다의 흩어진 자들을 모으신다고 예언했는데(사 11:12), 이는 바벨론에서 귀환하므로 성취되었고, 1800년부터 시작하여 1917년에 밸푸어(Balfour) 선언을 불러왔다. 그리고 1948년에 이스라엘이 독립되므로 성취되었고, 시오니즘 운동과 함께 알리야(Aliyah, 유대인 귀환)가 활발히 전개되고 있다.

따라서 이사야 7장 14절의 임마누엘도 다중적인 의미로 이해해야 한다. 즉 아하스 왕인지 이사야 선지자인지 모르지만, 당시 누군가가 여인과 결혼하여 낳은 아들을 통하여 하나님께서 그들과 함께하신다는 증거가 된다는 것이고, 또 훗날 다윗의 가계에 처녀를 통하여 이 세상에 메시아로 오셔서 우리와 함께하신다는 증거가 된다는 것이다. 따라서 임마누엘은 하나님께서 우리와 함께하시기 위해 인간의 몸으로 이 세상에 오신 예수를 뜻한다.

■ 왜 마태는 예수의 다른 이름을 임마누엘이라고 했는가?

예수는 히브리어 '예호슈아'(여호와는 구원이시다라는 뜻)의 단축형인 '예슈아'에 해당하는 헬라어 '예수스'의 한국어 표현이다. 당시 예수라는 이름은 유대인들의 이름 가운데 가장 흔한 이름 중 하나였다. 근래 사해 근처에서 발견된 어느 여인의 상속 관련 재판 기록을 보면 남편과 시부와 아들의 이름이 모두 예수였고, 1세기 유대 역사가 요세푸스의 〈유대고대사〉에는 약 20명의 예수가 등장하는데 요세푸스와 동시대 사람 중에서만 10명이나 된다. 이는 마치 요즘 미국에서 가장 흔한 남아의 이름이 윌리엄, 메이슨, 제임스 등이고, 여아의 이름이 올리비아, 에바, 소피아 등인 것과 같다.

당시 예수라는 이름이 이토록 흔했던 이유는 무엇인가? 이스라엘은 로마제국의 압제 아래 있었기 때문에 아들을 낳으면 억압에서 해방시켜 주기를 바라는 마음에서 구원자라는 뜻을 가진 예수라고 이름을 지었기 때문이다. 그들 중에서 하나님께서 인류를 죄에서 구원하시기 위해서 인간의 몸으로 오신 분이 계신데 그분이 바로 나사렛 예수다.

일반적으로 이름은 부모나 조부모 등이 이런저런 것을 고려하여 짓는다. 그러나 요셉은 주의 사자가 현몽하여 일러준 대로 예수라고 지었다. 그런데 마태는 예수 외에 다른 이름이 있다고 말한다. 이는 임마누엘이다. "아들을 낳으리니 이름을 예수라 하라 이는 그가 자기 백성을 그들의 죄에서 구원할 자이심이라 하니라 이 모든 일이 된 것은 주께서 선지자로 하신 말씀을 이루려 하심이니 이르시되 보라 처녀가 잉태하여 아들을 낳을 것이요 그의 이름은 임마누엘이라 하리라 하셨으니 이를 번역한즉 하나님이 우리와 함께 계시다 함이라"(마 1:21-23).

앞서 살펴보았듯이 성경에서 임마누엘이라는 단어를 가장 먼저 사용한 자는 이사야고, 예수의 다른 이름을 임마누엘이라고 한 자는 마태다. 성경에서 마태 외에는 예수의 또 다른 이름을 임마누엘이라고 한 자가 없다. 마태만 이렇게 했다는 것은 특별한 의도가 있다는 것을 뜻한다.

그러면 마태는 무슨 의도로 예수의 또 다른 이름을 임마누엘이라고 했을까? 그것은 임마누엘과 예수라는 이름이 동일한 사람을 다르게 일컬음을 생각하면 알 수 있다. '임마누엘'은 하나님께서 우리와 함께하신다는 뜻이고 '예수'는 구원자라는 뜻이므로, 인류를 구원하시기 위해 이 세상에 육신으로 오셔서 우리와 함께하신 예수께서 곧 하나님이시라는 뜻이다. 즉 구약성경에 오신다고 예언한 구원자가 바로 예수님이시라는 것이다.

모든 이름은 부르기 위해 존재한다. 그런데 예수라는 이름은 부르지만, 임마누엘이라는 이름은 부르지 않는 이유는 바로 이 때문이다. 즉 예수는 부르기 위해 지은 이름이지만 임마누엘은 예수께서 어떤 분이신가를 알려주기 위해 지어진 이름이기 때문이다.

그러면 마태는 왜 예수께서 하나님이시라고 직접 말하지 않고 임마누엘이라는 이름을 통하여 말했느냐는 것이다. 그것은 마태복음의 수신자가 누구였는지를 생각하면 알 수 있다. 마태복음은 유대인들에게 예수께서 아브라함과 다윗의 자손이신 메시아임을 증거하기 위하여 기록한 책이다. 한마디로 본서의 수신자는 유대인이다.

만일 유대인들에게 곧바로 예수께서 하나님이시라고 말하면 어떻게 되겠는가? 매우 강렬한 저항에 부딪힐 것이다. 그래서 마태는 예수께서 하나님이심을 증언하기 위해서 유대인들이 이미 잘 알고 있는 임마누엘을 예수의 다른 이름이라고 기록한 것이다.

그런데 임마누엘이라는 이름은 단지 예수께서 하나님이시라는 것을 알리는 데만 사용해야 하느냐는 의문이 생길 수 있다. 그렇지 않다. 예수의 이름을 부르면 구원을 받듯이, 임마누엘의 이름을 부르면 하나님께서 우리와 함께하시므로 두 이름 모두 자주 사용할 것을 권한다.

2. 하나님께서 함께하시면 새로운 삶을 살아간다

성경은 하나님께서 함께하실 때와 그렇지 않을 때가 어떻게 다른지를 소개한다. 모세는 하나님께서 함께하시기 전에는 살인자이고 도망자였지만, 하나님께서 함께하시자 이스라엘 민족을 구원하는 위대한 지도자가 되었다. 다윗은 하나님께서 함께하시기 전에는 양을 치는 목동에 불과했지만, 하나님께서 함께하시자 모든 이스라엘 백성들이 가장 존경하는 왕이 되었다. 하나님께서 함께하시면 지금까지 살아보지 못한 새로운 삶이 펼쳐진다. 구체적으로 어떻게 살아갈 수 있을까?

■ 예수님처럼 능력을 행할 수 있다

예수께서 공생애 동안 어떻게 살아가셨는가? 병든 자와 귀신 들린 자를 고쳐주시고 각종 능력을 행하셨다. 예수께서 이렇게 하신 힘의 원천은 무엇인가? 성경은 그 이유를 하나님께서 함께하셨기 때문이라고 말씀한다(행 10:38).

하나님께서 함께하시면 우리도 예수처럼 능력을 행할 수 있다. 예수께서도 제자들에게 이런 사실을 말씀하셨다. "내가 진실로 진실로 너희에게 이르노니 나를 믿는 자는 내가 하는 일을 그도 할 것이요 또한 그보다 큰 일도 하리니 이는 내가 아버지께로 감이라"(요 14:12).

초대교회도 하나님께서 함께하시자 예수의 이름으로 각종 능력을 행하였다. 베드로와 요한은 나면서 못 걷게 된 이를 걷게 하였고(행 3:1-8), 스데반은 민간에 기사와 표적을 행하였고(행 6:8), 빌립은 사마리아 성에서 더러운 귀신을 쫓아내고 중풍 병자와 못 걷는 사람을 고쳤고(행 8:7), 바울은 이방인 중에서 수많은 표적과 기사를 행하였다(행 15:12).

하나님께서는 어제나 오늘이나 영원토록 동일하시므로 오늘날도 하나님께서 함께하시면 예수님처럼 능력을 행할 수 있다. 그런데 왜 갈수록 하나님의 능력을 행하는 자들을 찾아볼 수 없는가? 그리고 혹 있다 하더라도 대부분 목회자인가? 여러 가지 이유가 있겠지만 무엇보다 하나님께서 우리와 함께하시도록 힘쓰지 않기 때문이다. 하나님께서는 능력을 사모하고 구하는 자에게 부어주신다(시 105:4).

하나님께서 우리와 함께하시도록 힘써야 한다. 그래서 예수께서 목자 없는 양같이 고생하는 무리를 불쌍히 여기시고 능력을 행하신 것처럼 우리도 예수님처럼 능력을 행하여 각종 고통 가운데 살아가는 자들을 건져주고 그들을 주께로 인도해야 한다.

- **위기 상황을 만나도 두려워하지 않는다**

두려움은 남녀노소 빈부귀천을 막론하고 누구에게나 찾아온다. 두려움을 피할 수 있는 사람은 없다. 그렇다면 두려움에 어떻게 맞설 것인지를 생각해야 한다. 이를 위해서는 무엇보다 사람이 두려움을 느끼게 되는 이유를 알아야 한다. 그것은 자신의 힘과 능력으로 해결할 수 없는 문제에 직면하기 때문이다. 따라서 두려움을 극복하는 길은 어떤 문제를 만나도 도와줄 자를 가까이 두면 된다. 그런데 이 땅에는 그런 사람이 없다. 오직 이 세상을 만드신 창조주 하나님뿐이다. 따라서 하나님께서 우리와 함께하신다는 확신을 가지면 모든 두려움을 극복할 수 있다.

바울이 죄수의 몸으로 로마를 향해 가던 중 유라굴로라는 광풍을 만났다. 광풍이 얼마나 심했던지 여러 날이 지나도 해와 별이 보이지 않았고 어둠만 계속되었기 때문에 구원의 여망마저 없어졌다. 그런 상황에서도 바울이 전혀 두려워하지 않고 또 함께 배에 있는 자들에게도 두려워하지 말라고 할 수 있었던 것은 하나님께서 그와 함께하신다는 음성을 들었기 때문이다(행 27:23-24, 참조 행 18:9-10).

감리교 창시자 존 웨슬리가 탄 배가 대서양을 횡단하던 중 풍랑을 만나서 돛이 산산조각이 나고, 배에 물이 들어와 매우 위험한 상황에서 두려움에 떨고 있었다. 그런데 모라비안 교도 25명은 배 한편에서 평안하게 찬송을 부르고 있었다. 어떻게 동일한 상황에서 전혀 다른 모습을 보였는가? 이는 모라비안 교도의 말에서 그 답을 찾을 수 있다. "하나님께서 우리와 함께하시고 죽으면 천국 가게 될 텐데 두려워할 이유가 어디 있습니까?" 한마디로 존 웨슬리는 임마누엘의 확신이 없었기 때문이고, 모라비안 교도는 임마누엘의 확신을 가졌기 때문이다.

두려움이 있다는 것은 곧 임마누엘의 확신이 없다는 증거다. 하나님께서 함께하심을 확신하면 어떤 두려움도 넉넉히 이길 수 있다. 두려움 가운데 있는가? 그렇다면 다른 방법으로 이를 극복하려고 하지 말고 무엇보다 하나님께서 함께하심을 확신해야 한다. 특히 이사야 선지자가 한 말을 묵상하면 크게 도움을 받을 수 있다. "두려워 말라 내가 너와 함께 함이라 놀라지 말라 나는 네 하나님이 됨이라 내가 너를 굳세게 하리라 참으로 너를 도와주리라 참으로 나의 의로운 오른손으로 너를 붙들리라"(사 41:10).

- 이 세상에서 명예로운 삶을 살아갈 수 있다

사람은 기본적으로 다섯 가지 욕망, 즉 재욕, 색욕, 식욕, 명예욕, 수면욕을 갖고 있기에 명예를 얻고자 하는 것은 지극히 당연하다. 사람들이 기회만 나면 이런저런 이유로 자랑하는 것은 명예욕이 있기 때문이다. 잠언 기자도 많은 재물보다 명예를 택하라고 권면한다(잠 22:1).

그런데 성경은 자신이 자랑하지 않아도 명예를 얻는 방법을 소개한다. "여호와께서 여호수아와 함께 하시니 여호수아의 소문이 그 온 땅에 퍼지니라"(수 6:27). '여호수아의 이름이 그 온 땅에 퍼지게 되었다'는 것은 여호수아가 유명하게 되었다는 것이다. 한마디로 명예를 얻게 되었다는 뜻이다. 그런데 그가 어떻게 명예를 얻게 되었는가? 여호수아의 노력으로 된 것이 아니라 하나님께서 함께하셨기 때문이다.

하나님께서 함께하시면 명예를 얻게 되는 이유는 무엇인가? 이는 인생의 주인이 전능하신 하나님이신데 그분께서 우리를 낮

추기도 하시고 높이기도 하시기 때문이다. "무릇 높이는 일이 동쪽에서나 서쪽에서 말미암지 아니하며 남쪽에서도 말미암지 아니하고 오직 재판장이신 하나님이 이를 낮추시고 저를 높이시느니라"(시 75:6-7). 하나님께서 높이시면 명예를 얻게 되고 낮추시면 수치를 당한다.

모세, 다윗, 바울의 이름이 온 땅에 널리 퍼지게 되었던 것은 전능하신 하나님께서 그들과 함께하셨기 때문이다. 그들의 이름은 과거에만 유명한 것이 아니다. 지금도 수많은 사람의 입에서 회자되고, 앞으로도 계속 회자될 것이다. 이 세상에서 얻는 명예는 잠시지만 하나님께서 함께하심으로 얻는 명예는 영원하다.

어떤 명예를 얻고자 하는가? 자신의 힘과 노력에 의한 찰나의 명예인가? 하나님께서 함께하심으로 얻는 영원한 명예인가? 이 세상의 헛된 명예를 얻으려고 하지 말고 하나님께서 함께하심으로 얻는 최고의 명예를 얻고자 힘써야 한다. 여호수아 6장 27절 말씀의 '여호수아'를 자기의 이름으로 바꿔서 매일 아침 외칠 것을 권한다.

여호와께서 OOO와 함께하시니 OOO의 소문이 그 온 땅에 퍼지니라.

▪ 고령이라도 말씀 사역자로 살아갈 수 있다

우리나라는 2000년에 들어서면서 급격히 65세 이상 노인 인구가 전인구의 7.1%를 넘었고, 이미 2018년에 14.3%로 고령사회에 진입했으며, 2025년에는 20.3%로 초고령사회 진입을 예상하고 있다. 우리 사회가 이처럼 고령화되면서 많은 문제를 야기하고 있다. 예를 들어 소득 상실 등 수입 감소로 인한 경제적 빈곤 문제, 신체적 정신적 노화로 인한 건강 악화의 문제, 사회적 심리적 고립의 문제 등이 발생하고 있다.

필자는 이런 사회를 예상하고 2000년 초부터 어떻게 하면 백세시대에 노인들이 건강하고 의미 있는 삶을 살아가도록 할 수 있는지를 기도하던 중 그들을 말씀 사역자로 훈련하여 가서 제자 삼으라는 명령에 순종하도록 하면 된다는 결론을 얻었다. 그래서 65세 이상 되는 분들을 훈련하여 평신도사역자로 만들어 사역하도록 하였고 이를 글로 펴낸 책이 〈노인들도 펄펄 뛰는 교회이야기〉(베다니 출판사, 2006년)이다.

그분들이 고령임에도 불구하고 6-7개월 훈련을 받자 사역자가 되었고 날마다 기도와 전도를 하고, 성도들을 심방하고, 필자가 집회에 나가면 새벽 설교도 하였다. 그러자 이런 소문이 퍼지면서 강사로 초청받아 전국에 다니며 간증하였다. 특히 이점순 집사는 당시 73세였지만 김포의 OO교회에서 간증할 때, 참석자들이 큰 은혜를 받고 전원이 기립하여 박수를 보냈다.

인도에서 50년 이상을 사역한 미국의 선교사 스탠리 존스(Stanley Jones)가 89세에 선교지에서 뇌출혈로 쓰러져서 미국 보스턴으로 후송되어 치료를 받게 되었다. 그는 자기를 치료하는 의사와 간호사에게 다음과 같이 말해달라고 부탁했다. "스탠리 존스! 나사렛 예수 그리스도의 이름으로 내가 너에게 명하노니 일어나 걸어라!"

처음에는 그들이 피식 웃었지만 계속해서 강권하자 어쩔 수 없이 회진할 때마다 그가 요구한 대로 말했다. 그러면 그는 침상에 누워서 큰 목소리로 "아멘! 아멘!" 하며 화답했다. 그러자 놀랍게도 6개월 만에 병을 털고 일어나서, 다시 선교지로 돌아가 죽을 때까지 건강한 몸으로 하나님이 주신 사명에 충성하였다.

그가 그렇게 할 수 있었던 이유는 무엇인가? 하나님께서 함께하시면 무엇이든지 가능하다는 믿음이 있었기 때문이다. 누구든지 임마누엘의 확신을 갖고 살아가면 환경과 나이를 초월한 삶을 살아갈 수 있다. 갈렙이 85세의 고령임에도 난공불락의 성인 헤브론을 정복할 수 있었던 것도 임마누엘의 확신으로 전쟁에 임했기 때문이다(수 14:12-14).

■ 배신과 이별의 고통을 넉넉히 극복할 수 있다

고독감은 신앙과 상관없이 누구에게나 찾아온다. 불의의 사고로 가족을 잃거나, 가깝던 친구에게 배신을 당하거나, 갑자기 많은 재물을 잃으면 고독감은 더욱 크게 느껴진다. 그러나 극도의 고독감이 느껴지는 상황에서도 이를 벗어날 수 있는 비법이 있다. 그것은 하나님께서 우리와 함께하심을 확신하는 것이다.

예수께서 십자가에 못 박히시기 전, 제자들마저 부인하고 떠나자 배신으로 인한 고독감은 극에 달했을 것이다. 그런데 예수께서 이를 극복하실 수 있었던 것은 하나님께서 자신과 함께 하신다는 확신, 즉 임마누엘의 확신을 가지셨기 때문이다. "보라 너희가 다 각각 제 곳으로 흩어지고 나를 혼자 둘 때가 오나니 벌써 왔도다 그러나 내가 혼자 있는 것이 아니라 아버지께서 나와 함께 계시느니라"(요 16:32).

우리도 예수님처럼 임마누엘의 확신을 가지면 배신과 이별로 인한 고통이 아무리 크다 할지라도 넉넉히 물리칠 수 있다. 혹시 생각하지 않은 배신과 이별로 인한 마음의 상처로 크게 낙담해 있거나, 심지어 하나님께 섭섭한 마음을 갖고 있지는 아니한가? '두 발자국'이라는 한 편의 시는 당신에게 힘과 위로를 줄 것이고 고통을 딛고 일어서게 할 것이다.

"어느 날 밤 꿈을 꾸었네. 주와 함께 바닷가 거니는 꿈을 꾸었네. 하늘을 가로질러 빛이 임한 그 바닷가 모래 위에 두 짝의 발자국을 보았네. 한 짝은 내 것, 또 한 짝은 주님의 것. 거기서 내 인생의 장면들을 보았네. 마지막 내 발자국이 멈춘 곳에서… 내 삶의 길을 돌이켜 보았을 때 자주 내 삶의 길에 오직 한 짝의 발자국만 보았네. 그때는 내 인생이 가장 비참하고 슬픈 계절이었네. 나는 의아해서 주님께 물었네.

'주님, 제가 당신을 따르기로 했을 때, 당신은 저와 항상 함께하겠다고 약속하셨지요. 그러나 보십시오. 제가 주님을 가장 필요로 했을 때, 거기에는 한 짝의 발자국밖에는 없었습니다.

주님은 저를 떠나 계셨지요?'

주님께서 대답하시었네.

'나의 귀하고 소중한 아이여, 나는 너를 사랑하였고 나는 결코 너를 떠나지 않았단다. 네 시련의 때 고통의 때에도… 네가 본 오직 한 발자국 그것은 내 발자국이니라. 그때 내가 너를 등에 업고 걸었노라'."

■ 형통한 삶을 살아갈 수 있다

성경은 요셉이 형통했던 경우를 두 차례 언급한다. 한 번은 형들에게 팔려서 애굽에서 종살이를 할 때였고(창 39:2), 다른 한 번은 보디발의 아내에게 누명을 써서 감옥에 갇혀 있을 때였다(창 39:23). 우리가 알다시피 형통은 아무 어려움 없이 모든 일이 자신이 뜻한 대로 잘되어 간다는 것이다.

그런데 성경은 요셉이 원치 않게 종살이하고, 옥살이한 것을 형통했다고 말씀하고 있다. 이를 통하여 무엇을 알 수 있는가? 성경에서 말하는 형통과 세상에서 말하는 형통의 개념이 전혀 다르다는 것이다. 즉 이 세상에서는 자기가 계획한 대로 일이 잘되는 것을 형통이라고 하지만, 성경에서는 일의 성패와 상관없이 하나님께서 함께하시는 것을 형통이라고 한다.

하나님께서 이렇게 성경과 세상에서 말하는 형통의 개념이 전혀 다르다는 것을 필자에게 확실히 깨닫게 하시기 위해서 한 가지 일을 행하셨다. 필자가 OO교회에서 청년대학부를 맡아 왕성하게 사역할 때였다. 특별히 기도할 일이 있어서 밤늦게 목자들과 경기도 광주에 있는 변화산기도원으로 올라갔다. 기도회를 인도하기 전 잠시 창세기 39장을 본문으로 설교를 했는데, 주제는 성경이 말하는 형통과 세상이 말하는 형통이 전혀 다르므로 당장 눈앞에 보이는 것에 따라 일희일비하지 말아야 한다는 것이었다.

밤새 기도를 마치고 새벽 4시경, 본 교회 새벽예배에 참석하려고 기도원을 나섰다. 경기도 광주에서 성남시 모란 시장까지 마치 고속도로처럼 되어 있는 구간을 약 120km로 쾌속 질주하면서 동석한 제자들에게 철야 기도회 때 설교한 것을 상기시키려고 이렇게 말했다. "성경에서 말하는 형통은 이렇게 앞에 달리는 차가 한 대도 없는 도로 위를 쾌속 질주하는 게 아니야."

그러자 갑자기 보이지 않던 경찰이 나타나서 질주하던 차를 세웠다. 어떻게 이 말이 끝나자마자 경찰이 차를 세울 수 있는가? 혹 이렇게 말하고 조금이라도 지났다면 몰라도 말을 마치는 동시에 경찰이 차를 세운다는 것은 일어날 확률이 거의 없다. 더군다나 낮 시간대도 아니고 새벽 4시경인데 말이다. 이는 하나님께서 성경에서 말하는 형통의 개념과 우리가 알고 있는 형통이 전혀 다르다는 것을 확인시켜주시기 위해 역사하신 것이다.

여기서 왜 성경은 우리의 뜻이 아니라 하나님의 뜻이 이루어지는 것을 형통이라고 하는지를 생각해야 한다. 그것은 한 치 앞을 내다볼 수 없는 것이 인생인데 하나님께서 함께하셔서 우리의 인생을 섭리하셔서 선을 이루시기 때문이다. 바로 요셉과 다윗과 욥이 이를 경험하지 않았던가?

　지금 계획한 일이 잘 안된다고 낙심하고 있지는 아니한가? 그렇다면 일의 성패보다는 먼저 하나님께서 자신과 함께하시는지 아니하시는지를 점검해야 한다. 자신이 원하는 대로 일이 잘되지 않아도 하나님께서 함께하시면 형통한 것이고, 자신이 원하는 대로 일이 잘되어도 하나님께서 함께하시지 않는다면 불통한 것이다.

3. 어떻게 하면 임마누엘의 삶을 살아갈 수 있는가?

하나님께서는 그분의 자녀들과 함께하신다. 그러나 하나님께서 일방적으로 함께하시지는 않는다. 우리가 어떻게 하느냐에 따라 하나님께서 함께하시기도 하시고 그렇지 않기도 하신다. 성경은 어떻게 하면 하나님께서 함께하시는 삶을 살아갈 수 있는지를 가르치고 있다. 하나둘 실천을 하다 보면 우리도 믿음의 선배들처럼 임마누엘의 삶을 살아갈 수 있다.

■ 임마누엘의 확신을 가져야 한다

하나님께서는 임마누엘의 확신을 가진 자와 함께하신다. 하나님께서 이스라엘의 열두 명의 정탐꾼 중 두 사람과 함께하신 것은 그들에게 하나님께서 함께하신다는 확신이 있었기 때문이다. "다만 여호와를 거역하지는 말라 또 그 땅 백성을 두려워하지 말라 그들은 우리의 먹이라 그들의 보호자는 그들에게서 떠났고 여호와는 우리와 함께하시느니라 그들을 두려워하지 말라 하나"(민 14:9).

하나님께서 우리와 함께하신다는 약속을 지키실 것을 어떻게 확신할 수 있을까? 우리는 전능하지도 않고 신실하지도 않기 때문에 약속을 지킬 수 없지만, 하나님께서는 전능하실 뿐만 아니라 신실하시기 때문이다. "하나님은 사람이 아니시니 거짓말을 하지 않으시고 인생이 아니시니 후회가 없으시도다 어찌 그 말씀하신 바를 행하지 않으시며 하신 말씀을 실행하지 않으시랴"(민 23:19). 성경에 하나님께서 우리와 함께하시겠다는 약속이 많이 등장하는데, 대부분 '결코'라는 말이 함께 사용된 것은 하나님께서 함께하시겠다고 약속하신 것을 반드시 지키신다는 뜻이다(신 31:6, 히 13:5). 따라서 하나님을 수시로 변덕을 부리는 사람과 같은 수준으로 생각하지 말고 하나님께서 약속하신 것을 반드시 지키실 것을 믿어야 한다. 이를 믿지 않는 것은 하나님을 하나님으로 대접해드리지 않는 것이다. 우리가 하나님께서 함께하신다고 확신조차 하지 않는데 어떻게 하나님께서 우리와 함께하시겠는가?

그런데 임마누엘의 확신은 자동으로 생기지 않기 때문에 이를 갖도록 훈련해야 한다. 말씀과 기도로 날마다 주님의 음성을 듣고 하나님께서 함께하심을 확신해야 한다. 경건 훈련을 하지 않으면 지속적으로 임마누엘의 확신을 유지할 수 없다.

예로부터 아메리카 인디언들은 자식들에게 용기와 담력을 키워주기 위해 아주 독특한 방법으로 훈련했다. 자식들을 숲속에서 야생동물들과 함께 밤을 지내게 하는 것이다. 어린 나이에 맹수들이 우글거리는 숲속에서 긴 밤을 보내니 얼마나 두렵고 무섭겠는가? 그런데 날이 밝아오면서 그들은 아버지가 가까운 나무 뒤에서 화살을 당긴 채 자신들을 지켜보고 있는 것을 보고 큰 안도감을 가진다. 우리도 날마다 경건 훈련을 하면 두려운 상황에서도 임마누엘의 확신을 가짐으로 하나님께서 함께하시는 삶을 살아갈 수 있다.

▪ 주님의 마지막 명령에 온전히 순종해야 한다

예수께서 제자들에게 가서 제자 삼으라고 명령하시면서 "…볼지어다 내가 세상 끝날까지 너희와 항상 함께 있으리라"(마 28:19-20)고 약속하셨다. 이는 한마디로 주님의 마지막 명령에 순종하면 항상 주님께서 우리와 함께하시겠다는 약속이다(참조, 창 28:15). 제자들이 이 명령에 순종하자, 약속하신 대로 사역현장에서 하나님께서 함께하시는 기적을 맛보았다.

그런데 우리의 현실은 어떠한가? 주님의 마지막 명령에는 순종하지 않고 하나님께서 함께해달라고 기도만 하고 있다. 또 다른 명령에는 순종하려고 애를 써도 마지막 명령에는 관심을 두지 않는다. 임마누엘의 복을 누리려면 주님께서 마지막으로 당부하신 '가서 제자 삼으라'는 명령에 순종해야 한다.

더처치는 특별히 주님의 마지막 명령에 순종하고자 하는 몇몇 사람에 의해 서울 마포구 홍대 근처에 세워졌다. 전 교우들이 이 사명을 감당하려고 최선을 다하고 있다. 필자와 이카림 원장(D3평신도훈련원장)은 매달 두세 번은 해외에서, 한두 주는 국내에서 D3제자훈련 사역을 하고, 다른 성도들은 삶 속에서 그리스도의 제자로 살아가고 있다. 그리고 매달 해외에 상당하는 선교비를 보내고, 무상으로 D3제자훈련교재를 십여 개국 언어로 번역하여 보급하고 있다.

가정교회 규모인 더처치가 이렇게 왕성하게 사역할 수 있는 이유는 무엇인가? 주님께서 당부하신 '가서 제자 삼으라'는 명령에 순종하기에 하나님께서 약속하신 대로 함께하시기 때문이다. 그리스도인은 누구든지 주의 사명을 감당하면 임마누엘을 경험하며 살아갈 수 있다.

■ **사람을 의지하지 말고 하나님께 매달려야 한다**

성경은 곳곳에서 기도할 때 하나님께서 우리와 함께하신다고 말씀한다.

"우리 하나님 여호와께서 우리가 그에게 기도할 때마다 우리에게 가까이 하심과 같이 그 신이 가까이 함을 얻은 큰 나라가 어디 있느냐"(신 4:7).

"그가 나가서 아사를 맞아 이르되 아사와 및 유다와 베냐민의 무리들아 내 말을 들으라 너희가 여호와와 함께 하면 여호와께서 너희와 함께 하실지라 너희가 만일 그를 찾으면 그가 너희와 만나게 되시려니와 너희가 만일 그를 버리면 그도 너희를 버리시리라"(대하 15:2).

"여호와께서는 자기에게 간구하는 모든 자 곧 진실하게 간구하는 모든 자에게 가까이 하시는도다"(시 145:18, 참조 시 91:15).

사람들이 가까이하는 경우와 하나님께서 가까이하시는 경우는 정 반대다. 사람들은 권력과 재물과 명예를 얻을 때, 즉 소위 성공할 때 가까이한다. 그래서 '문전작라'(문밖에 새 그물을 쳐놓을 만큼 손님들의 발길이 끊어짐을 이름)와 '문전성시'(세도가나 부잣집 문 앞이 방문객으로 작은 시장을 이루시다시피 함을 이름)라는 고사성어가 생긴 것이다.

그러나 하나님께서는 우리가 넘어지거나, 힘들고 어렵거나,

모든 것을 잃었을 때 더욱 가까이하신다. 따라서 어려움을 만났을 때는 사람을 가까이하지 말고 하나님을 가까이해야 한다. 사람을 가까이하여 도움을 청하면 거절을 당해 상처를 입지만 하나님을 가까이하여 도움을 청하면 구원을 얻는다.

유다 왕 아사 때에 구스(에티오피아) 사람 세라가 백만 명의 군대와 병거 삼백 대를 거느리고 공격해왔다. 이때 아사 왕은 하나님께 나아가 "여호와여 힘이 강한 자와 약한 자 사이에는 주밖에 도와 줄 이가 없사오니 우리 하나님 여호와여 우리를 도우소서 우리가 주를 의지하오며 주의 이름을 의탁하옵고 이 많은 무리를 치러 왔나이다 여호와여 주는 우리 하나님이시오니 원하건대 사람이 주를 이기지 못하게 하옵소서"(대하 14:11)라고 간구했다. 그러자 어떻게 되었는가? 여호와께서 구스 사람들을 살아남은 자가 없도록 치심으로 아사 왕이 크게 전쟁에서 승리하였다(대하 14:13).

지금 어떤 상황에 있는가? 감당할 수 없을 정도로 힘들고 어려운가? 한 치 앞을 내다볼 수 없을 정도로 절망적인가? 사람에게 도움을 청하지 말고 오직 주님께 엎드려 간청할 것을 권한다. 특별히 코로나19로 매우 고통스러운 상황에 있지만, 하나님께 간구하면 하나님께서 함께하셔서 구원의 은혜를 베푸신다.

■ 하나님을 기쁘시게 해야 한다

예수께서는 하나님께서 자신과 함께하신 것은 그가 항상 하나님께서 기뻐하시는 일을 행하셨기 때문이라고 말씀하신다.

"나를 보내신 이가 나와 함께 하시도다 나는 항상 그가 기뻐하시는 일을 행하므로 나를 혼자 두지 아니하셨느니라"(요 8:29).

우리 앞에는 항상 하나님께서 기뻐하시는 것과 싫어하시는 것이 놓여 있다. 그리고 그중에서 하나를 선택해야 한다. 그런데 하나님께서 기뻐하시는 것을 선택하기란 쉬운 일이 아니다. 왜 그런가? 그러려면 반드시 육신이 고통을 당하는 대가를 지불해야 하기 때문이다.

하나님께서 가장 기뻐하시는 것은 예수께서 십자가에 못 박혀 죽으시는 것이다. 그래서 예수께서 이를 위해 공생애를 시작하려고 세례를 받고 올라오실 때 하나님께서 "… 이는 내 사랑하는 아들이요 내 기뻐하는 자라 …"(마 3:17)고 음성을 들려주신 것이다. 십자가에 못 박혀 죽는 것이 쉬운 일인가? 그러나 예수께서는 십자가에 못 박혀 죽으심으로 하나님을 가장 기쁘시게 하셨다.

바울은 "주를 기쁘시게 할 것이 무엇인가 시험하여 보라"(엡 5:10)라고 권면한다. 과연 우리가 하나님을 기쁘시게 하는 것은 무엇인가? 예수께서 가신 길을 따르는 것이다. "이에 예수께서 제자들에게 이르시되 누구든지 나를 따라오려거든 자기를 부인하고 자기 십자가를 지고 나를 따를 것이니라"(마 16:24).

정말 하나님을 기쁘시게 함으로 임마누엘을 경험하기를 원하는가? 그렇다면 하나님의 뜻에 순종하는 과정에서 예수님처럼 고통과 희생을 감내해야 한다. 하나님께서는 말로만 드리는 예배가 아니라 희생으로 드리는 삶의 예배를 기뻐하신다. "그러므로 형제들아 내가 하나님의 모든 자비하심으로 너희를 권하노니 너희 몸을 하나님이 기뻐하시는 거룩한 산 제물로 드리라 이는 너희가 드릴 영적 예배니라"(롬 12:1).

■ 날마다 하나님께서 함께하심을 선포해야 한다

믿음은 말로 표현되어야 한다. 즉 하나님께서 자신과 함께하심을 확신한다면 이를 말해야 한다. 바울은 믿음과 말이 어떤 관계에 있는지를 말한다. "기록된 바 내가 믿었으므로 말하였다 한 것 같이 우리가 같은 믿음의 마음을 가졌으니 우리도 믿었으므로 또한 말하노라"(고후 4:13).

성경은 어떻게 해야 구원을 받을 수 있다고 가르치고 있는가? 예수께서 우리의 죄를 대신하여 십자가에 못 박혀 죽으시고 부활하신 것을 믿을 뿐 아니라 이를 입으로 시인함으로 받는다고 말씀한다(롬 10:9-10). 입으로 시인할 수 없는 믿음으로는 구원을 받을 수 없다. 구원에 이르는 믿음은 고백하는 믿음이다. 표현하지 않은 믿음은 진짜 믿음이 아니다.

우리는 하나님의 형상을 따라 만들어졌기 때문에 하나님께서 말씀으로 세상을 창조하셨듯 우리의 말에는 창조의 능력이 있다. 그래서 예수께서도 우리가 믿음으로 말하면 말한 대로 이루어지는 기적을 경험한다고 말씀하셨다. "내가 진실로 너희에게 이르노니 누구든지 이 산더러 들리어 바다에 던져지라 하며 그 말하는 것이 이루어질 줄 믿고 마음에 의심하지 아니하면 그대로 되리라"(막 11:23, 참조요 15:7).

그렇다. 우리가 하나님께서 함께하신다고 말하면 삶 속에서 하나님께서 함께하시는 기적을 경험할 수 있다. 전통적으로 말과 관련하여 언급할 때 빠지지 않는 말씀이 있다. "그들에게 이르기를 여호와의 말씀에 내 삶을 두고 맹세하노라 너희 말이 내 귀에 들린 대로 내가 너희에게 행하리니"(민 14:28).

이는 하나님께서 이스라엘 백성들이 원망한 대로 이루어지게 하시겠다는 것이다. 그런데 하나님께서 우리의 원망만 들으시지 않고 믿음으로 말하는 것도 들으신다. 우리가 하나님께서 함께하신다고 말하면 이를 들으시고 우리와 함께하심으로 새 일을 행하신다. 따라서 임마누엘을 예수님의 다른 이름으로만 기억하지 말고 자주 사용해야 한다.

그리스도인은 믿음으로 행하고 보는 것으로 행하지 아니하는 자다(고후 5:7). 따라서 아무리 어려운 상황이라도 불평과 원망의 말을 쏟아내지 말고 하나님께서 함께하신다고 말해야 한다. 필자는 날마다 침상에서 일어나면 두 가지를 외친다. 말한 대로 날마다 주님의 인도를 받고 주님께서 함께하시는 삶을 살아가고 있다.

오늘도 하나님께서 인도하심을 믿고 감사합니다.
오늘도 하나님께서 함께하심을 믿고 감사합니다.

4. 임마누엘의 삶을 타인에게 보여주어야 한다

본서가 임마누엘의 확신을 다룬 데는 나름대로 이유가 있다. 하나님께서 우리와 함께하신다고 약속하셨건만 이를 믿지 않고 비신자처럼 온갖 세상의 염려와 근심 가운데 살아가는 자들이 생각보다 많기 때문이다. 필자는 이를 안타깝게 생각하고 믿음의 선배들은 어떻게 살았는지를 살피던 중 한 가지 놀라운 사실을 발견했다. 그것은 그들이 임마누엘의 확신으로 살아갔을 뿐 아니라 다른 사람들로부터 하나님께서 함께하신다는 말을 들었다는 것이다.

■ 성경에서 임마누엘을 보여준 자들은 누구인가?

다른 사람들로부터 하나님께서 함께하신다는 말을 들었던 사람은 이삭(창 26:28), 요셉(창 39:3), 사무엘(삼상 3:19-20), 다윗(삼상 18:28) 등이다.

첫째로, 이삭은 어떻게 아비멜렉과 그의 친구 아훗삿과 군대 장관 비골로부터 하나님께서 함께하신다는 말을 들을 수 있었는가? 그것은 이삭의 목자들과 그랄 목자들이 우물 문제로 다툴 때 이삭이 두 번이나 양보하고(에섹, 싯나) 다른 곳으로 옮겨서 우물을 팠는데(르호봇), 새로 판 우물이 양보한 우물보다 넓은 것을 그들이 보았기 때문이다.

우물은 고대 근동 지방에서 생명과도 같아서 재산 목록 제1

호에 해당한다. 우물이 없이는 생존할 수 없다. 그런데 이삭이 다투지 않고 우물을 두 번이나 양보하자 아비멜렉이 크게 감동을 받고 이삭에게 하나님께서 함께하신다고 말한 것이다.

필자가 아프리카 케냐에 사역차 서너 번 다녀왔는데 한 번은 농촌 마을로 갔을 때였다. 세미나를 마치고 신학교 앞마당에서 식사하던 중 여러 사람이 우물가로 모이는 것을 이상하다는 듯이 바라보자 선교사가 이렇게 말했다. "우물 하나로 50여 가정이 식수 문제를 해결합니다."

그 말을 듣는 순간 이삭이 아비멜렉에게 우물을 양보한 사건이 떠올랐다. 지금도 우물의 가치가 이렇게 대단한데 이삭은 어떻게 수천 년 전에 다투지 않고 우물을 양보할 수 있었을까? 필자의 생각으로는 도저히 이해가 되지 않는다. 아마도 그가 우물을 양보하면 하나님께서 더 크고 좋은 우물을 주실 것을 믿었기 때문이리라.

둘째로, 보디발은 하나님께서 요셉과 함께하심을 보았다. 보디발은 어떻게 하나님께서 요셉과 함께하시는 것을 볼 수 있었을까? 필자는 두바이에서 수차례 D3세미나를 인도하면서 다른 나라에서는 볼 수 없는 독특한 문화를 접하였는데, 이를 통해 단서를 찾을 수 있었다. 그것은 두바이 국민은 한 가정당 가사도우미로 3명 이상을 고용한다는 것이다.

요셉 당시는 애굽 왕 바로의 친위대장인 보디발의 집에 종들이 상당히 많았다. 그런데 보디발이 그들 중에서 요셉을 가정

총무로 삼은 것은 그가 다른 종들과는 전혀 다른 면이 있었기 때문이다. 다른 종들은 주인이 볼 때만 일하는 척했지만, 요셉은 신전의식을 갖고 성실히 일했기 때문이다. 보디발은 요셉의 이런 모습을 보고 하나님께서 그와 함께하심을 알 수 있었던 것이다.

셋째로, 사무엘은 어떻게 이스라엘 백성들에게 하나님께서 그와 함께하심을 보여줄 수 있었을까? 당시 이스라엘은 영적으로 매우 혼탁했다. 엘리 제사장은 자기 처소에서 잠을 자고 하나님의 음성을 듣는 데는 무관심했고, 엘리 제사장의 아들들은 여호와의 제사를 멸시하고, 심지어 회막 문에서 수종 드는 여인들과 동침까지 했다.

그런데 사무엘 선지자는 성전을 떠나지 않고 하나님의 말씀에 귀를 기울였고 그의 예언은 하나도 땅에 떨어지는 것이 없었다. 또 백성들로부터 비난받을 만한 행동도 전혀 하지 않았다. 이에 이스라엘 백성들은 사무엘 선지자를 하나님께서 세우셨고 하나님께서 그와 함께하심을 알 수 있었다.

넷째로, 다윗은 어떻게 사울 왕에게 하나님께서 자신과 함께하신다는 것을 보여줄 수 있었는가? 사울은 하나님께서 다윗과 함께하시는 것을 여러 번 보았다. 목동 다윗이 골리앗 장군을 물맷돌로 쓰러뜨리고 칼로 그의 목을 베었을 때, 사울이 다윗을 전쟁터에 보내서 죽게 하려고 블레셋 사람들의 포피 백 개를 가져오는 자를 사위로 삼겠다고 했는데 다윗은 이백 명을 죽이고 그들의 포피를 가져왔을 때, 사울이 다윗을 원수로 생각하고 13년을 쫓았는데 다윗은 사울을 죽일 기회가 여러 번 있었어도 죽이지 않는 것을 보았을 때다.

이렇게 이삭, 요셉, 사무엘, 다윗 등이 다른 사람들로부터 하나님께서 그들과 함께하신다는 말을 들을 수 있었던 것은 남들과 전혀 다르게 살았기 때문이다. 즉 빼앗는 자와 다투지 않고 양보하고, 신전의식으로 성실하게 일하고, 거룩함으로 제사장 직분을 감당하고, 원수를 사랑하는 등 사람들에게 감동을 주었기 때문이다.

- **왜 타인에게 임마누엘을 보여주는 삶을 살아야 하는가?**

우리는 이삭, 요셉, 사무엘, 다윗 등처럼 타인에게 하나님께서 우리와 함께하심을 보여주어야 한다. 특별히 주변의 비신자들에게 보여주어야 한다. 왜 그런가? 그렇게 하지 않으면 그들에게 감동을 줄 수 없고 복음을 전할 수 없기 때문이다.

세상 사람들은 우리가 무슨 말을 하느냐에 전혀 관심이 없다. 즉 그들은 우리가 전하는 복음에 관심이 없다. 예수님을 믿는 자와 안 믿는 자의 삶의 차이가 무엇인가에만 관심을 가진다. 그런데 별다른 차이가 없는데 어떻게 그들이 우리가 전하는 복음에 관심을 가지겠는가? 심지어 그들보다도 못한 삶을 살고 있는데 어떻게 복음을 전할 수 있겠는가?

초대교회 당시 베드로의 설교를 듣고 하루 삼천 명이나 주님께 돌아오고, 날마다 구원받는 자들이 더해지게 되었던 것은, 단지 베드로가 성령의 충만을 받아 복음을 전했기 때문이 아니다. 초대교회 성도들이 세상 사람들에게 칭찬받는 삶을 살았기 때문이다(행 2:47). 즉 그들이 세상 사람들과 전혀 다른 삶을 살았기 때문이다.

혹자는 그리스도인이 세상에서 성공적인 삶을 살면 복음을 쉽게 전할 수 있다고 주장한다. 그러나 우리가 전하는 것은 왕의 보좌에 앉으신 그리스도가 아니라 십자가에 못 박히신 그리스도이시다(고전 1:20-24). 예수님을 믿지 않아도 이 세상에서 얼마든지 성공적인 삶을 살 수 있다. 세상에서 성공한 자들 중에는 그리스도인보다 비그리스도인이 더 많다.

우리가 복음을 전하려면 성공적인 삶이 아니라 세상 사람들이 감히 흉내 낼 수 없는 삶을 살아야 한다. 물질보다 영혼을 사랑하고, 희생적이고 헌신적인 삶을 살고, 어려운 상황에서도 믿음으로 살아가고, 원수를 사랑함으로 하나님께서 우리와 함께 하심을 보여주어야 한다.

5. 임마누엘과 주님과의 동행은 이음동의어다

본 장은 임마누엘의 확신을 다루고 있다. 그런데 왜 하나님과의 동행에 대하여 언급하는가? 임마누엘의 확신을 연구하는 과정에서 임마누엘과 하나님과의 동행은 내용이 같다는 것을 깨달았기 때문이다. 임마누엘은 하나님께서 우리와 함께하시는 것이고, 하나님과의 동행은 우리가 하나님과 함께하는 것이다. 즉 둘 다 하나님과 함께하는 것이다. 한 가지 다른 점이 있다면 주어가 다를 뿐이다. 임마누엘의 주어는 하나님이고, 주님과의 동행의 주어는 우리다.

▪ 주님과 동행하려면 하나님의 심판을 의식해야 한다

에녹을 떠나서는 동행을 말할 수 없다. 성경에서 가장 먼저 동행이라는 단어가 사용된 것은 에녹과 관련한 것이기 때문이다(창 5:21-24). 성경은 에녹이 365세를 살았는데 300년 동안 하나님과 동행하는 삶을 살았다고 말씀하고 있다. 여기서 한 가지 의문이 든다. 왜 에녹이 삼백육십오 세를 살았는데 삼백 년 동안만 하나님과 동행했을까? 다시 말해 왜 에녹이 육십오 세 이전에는 하나님과 동행하지 않다가 육십오 세가 되어서야 했느냐는 것이다.

에녹이 하나님과 동행하게 된 것은 육십오 세에 므두셀라를 낳은 후부터다. "에녹은 육십오 세에 므두셀라를 낳았고 므두셀라를 낳은 후 삼백 년을 하나님과 동행하며 자녀들을 낳았으며 그는 삼백육십오 세를 살았더라 에녹이 하나님과 동행하더니 하나님이 그를 데려가시므로 세상에 있지 아니하였더라"(창 5:21-24).

에녹이 육십오 세 이후부터 하나님과 삼백 년 동안 동행한 것은 므두셀라와 관련이 있다. '므두셀라'는 '그가 죽으면 심판이 온다'라는 뜻이다. 에녹은 므두셀라를 직접 보거나 그의 이름을 부르고 들을 때 무슨 생각을 하였겠는가? 그가 언제 죽을지 모르기 때문에 항상 하나님의 심판을 의식했을 것이다. 그리고 하나님의 심판을 의식했기에 하나님과 동행한 것이다.

이런 사실은 유다서를 통하여 확인할 수 있다. "아담의 칠대 손 에녹이 이 사람들에 대하여도 예언하여 이르되 보라 주께서 그 수만의 거룩한 자와 함께 임하셨나니 이는 뭇 사람을 심판하사 모든 경건하지 않은 자가 경건하지 않게 행한 모든 경건하지 않은 일과 또 경건하지 않은 죄인들이 주를 거슬러 한 모든 완악한 말로 말미암아 그들을 정죄하려 하심이라 하였느니라"(유 1:14-15).

에녹은 사람들에게 주께서 이 세상에 오셔서 경건치 않은 말과 행동을 심판하시고 정죄하신다고 외쳤다. 에녹이 이렇게 할 수 있었던 것은 므두셀라를 낳은 후에 하나님의 심판을 의식하고 경건하지 않은 말과 행동을 멀리하는 삶을 살았기 때문이다.

에녹처럼 하나님의 심판을 의식해야 경건하지 않은 말과 행동을 삼가함으로 하나님과 동행할 수 있고 하나님께서 함께하시는 삶을 살아갈 수 있다. 반면에 하나님의 심판을 의식하지 않으면 하나님과 동행할 수 없고 하나님께서 함께하시는 삶을 살아갈 수 없다.

- **에녹처럼 주님과 동행할 수는 없을까?**

앞서 살펴보았듯이 에녹이 므두셀라를 낳은 후 300년 동안 하나님과 동행할 수 있었던 것은 하나님의 심판을 의식했기 때문이다. 따라서 우리도 하나님의 심판을 의식하면 에녹처럼 하나님과 동행해야 한다. 그런데 실제로 에녹처럼 하나님과 동행하지 못하고 있는 것이 우리의 현실이다.

에녹이 결혼해서 므두셀라를 낳은 것은 우리와 별반 다르지 않은 삶을 살았다는 것이다. 그런데 왜 에녹은 300년 동안이나 하나님과 동행한 반면 우리는 그보다 훨씬 짧은 인생을 살면서 하나님과 동행하지 못하는가?

혹자는 에녹이 살던 시대가 지금보다 훨씬 하나님과 동행하기가 쉬웠기 때문이라고 주장한다. 그러나 에녹은 므두셀라만 낳은 것이 아니라 그 후에 또 자녀들을 낳았다. 가족의 생계를 책임져야 하기에 생업 전선에 뛰어들지 않을 수 없었다. 지금과 마찬가지로 하나님과 동행하는 과정에서 많은 장애물이 있었을 것이다.

과연 에녹이 300년 동안 하나님과 동행할 수 있었던 비결은 무엇인가? 그 원인을 찾아내어 그대로 행하면 우리도 에녹처럼 하나님과 동행할 수 있다. 앞서 살펴본 대로 에녹은 므두셀라로 인하여 하나님의 심판을 의식했기에 하나님과 동행한 것처럼 우리도 에녹처럼 하나님의 심판을 의식하면 하나님과 동행할 수 있다.

그런데 에녹이 하나님의 심판을 어느 수준까지 의식했는가를 생각해야 한다. 그가 므두셀라를 보거나 그의 이름을 부르거나 들을 때만 하나님의 심판을 의식했을까? 만일 그렇게 했다면 300년 동안이나 하나님과 동행할 수 없었을 것이다. 그는 언제나 하나님의 심판을 의식했다. 의식세계뿐만 아니라 무의식세계에서도 하나님의 심판을 의식했다.

초대교회가 복음을 전하면 핍박을 당하게 되고 죽음을 맞이하는 상황에서 어떻게 복음을 전할 수 있었는가? 사도들이 날마다 성전에 있든지 집에 있든지 예수는 그리스도라고 가르치고 전도하기를 그치지 아니하였기 때문이다(행 5:42).

날마다 사도들이 예수는 그리스도라고 반복해서 가르치고 전하도록 훈련함으로 그들이 성령의 충만을 받았기 때문이다. 성령 충만은 성령께서 우리의 생각을 완전히 지배한 상태를 뜻한다. 즉 성령께서 의식의 세계만 지배하지 않고 무의식의 세계까지 지배했기 때문에 죽음을 두려워하지 않고 담대히 복음을 전할 수 있었다.

네덜란드의 유대계 철학자 스피노자는 "내일 지구의 종말이 온다 할지라도 나는 오늘 한 그루의 사과나무를 심겠다"라는 명언을 남겼다. 필자는 스피노자의 명언을 차용하여 다음과 같은 질문을 만들었다. "내일 지구의 종말이 온다면 당신은 무엇을 하겠는가?" 스피노자처럼 사과나무를 심겠는가? 그러나 사과나무를 심겠다고 말할 사람은 단 한 명도 없다. 지구의 종말이 오면 모든 것이 불에 타서 없어지기 때문이다(벧후 3:7).

내일 지구의 종말이 와도 우리가 반드시 해야 할 일이 있다. 그것은 주의 심판을 준비하는 것이다. "이는 우리가 다 반드시 그리스도의 심판대 앞에 나타나게 되어 각각 선악간에 그 몸으로 행한 것을 따라 받으려 함이라"(고후 5:10). 따라서 마지막 심판을 준비하기 위해서는 주님의 심판을 의식하고 주님과 동행해야 한다. 하나님과 동행하지 않고 있다면 주님의 심판을 의식하지 않는 것이다.

07장
주 사랑의 확신으로 살아가다

1. 왜 하나님을 사랑이시라고 하는가?

하나님께서는 두 가지 속성, 즉 공유적 속성과 비공유적 속성을 갖고 계시다. 공유적 속성이란 사람이 가진 것과 같은 성품으로 사랑, 용서, 자비, 거룩 등이고, 비공유적 속성은 하나님만 갖고 계신 성품으로 전지, 전능, 영원불변, 무소부재 등이다. 그런데 하나님을 한마디로 어떤 분이시냐고 묻는다면 일반적으로 사랑이시라고 답한다. 사도 요한도 하나님에 대해 이렇게 말한다. "사랑하지 아니하는 자는 하나님을 알지 못하나니 이는 하나님은 사랑이심이라"(요일 4:8).

■ **하나님의 사랑과 십자가는 분리할 수 없다**

하나님께서 사랑이신 것을 어떻게 알 수 있는가? 이에 대한 증거는 이루 말할 수 없이 많다. 그중에서 가장 결정적인 이유는 하나님께서 우리를 죄에서 건져주시기 위해 그의 아들을 저주의 상징인 십자가에 못 박히도록 내어주셨기 때문이다. "하나님의 사랑이 우리에게 이렇게 나타난 바 되었으니 하나님이 자기의 독생자를 세상에 보내심은 그로 말미암아 우리를 살리려 하심이라 사랑은 여기 있으니 우리가 하나님을 사랑한 것이 아니요 하나님이 우리를 사랑하사 우리 죄를 속하기 위하여 화목 제물로 그 아들을 보내셨음이라"(요일 4:9-10).

사랑을 이야기할 때 거의 빠지지 않고 등장하는 것은 셰익스피어의 희곡 속 주인공인 로미오와 줄리엣다. 그들의 이야기는 연극이나 영화, 뮤지컬 등 다양한 장르에서 수백 년 동안 다뤄지며 오랫동안 사람들의 입에서 회자되고 있다. 그 이유는 그들의 사랑 이야기가 우리에게 큰 감동을 주기 때문이다.

몬터규 집안의 로미오는 원수지간인 캐풀렛 집안의 줄리엣을 보고 첫눈에 반하여 사랑에 빠지고 결혼까지 약속한다. 그러나 두 집안의 싸움으로 그들의 결혼이 가로막히자 신부(神父) 로렌스의 제안으로 줄리엣이 사망한 것으로 위장한다. 로미오는 이를 모르고 줄리엣이 진짜 죽은 줄 알고 상심하여 독약을 먹고 죽음을 선택한다. 나중에 깨어난 줄리엣은 죽은 로미오를 안고 오열하다가 그의 뒤를 따라 자결한다는 것이다.

이렇게 그들의 사랑은 비극으로 끝나지만, 우리가 감동하고 열광하는 이유는 무엇인가? 그들의 사랑이 일반적이지 않기 때문이다. 즉 그들이 서로에 대한 사랑을 죽음으로 표현했기 때문이다. 보통은 부모가 결혼을 반대한다고 죽음으로 반응하지 않고, 또 한쪽이 죽더라도 다른 쪽이 이를 따르지 않는다.

왜 하나님을 사랑의 하나님이라고 하는가? 우리를 향한 하나님의 사랑이 유별나기 때문이다. 로미오와 줄리엣의 죽음은 연인 사이에서 발생했지만, 하나님께서는 죄인인 우리와 원수지간임에도 불구하고 그의 아들을 보내사 우리의 죄를 대신하여 십자가에 못 박혀 죽게 하셨기 때문이다.

하나님께서 우리의 죄를 대신하여 그의 아들을 내어주신 것보다 더 크게 사랑하실 수 없다. 이는 하나님께서 우리를 얼마나 사랑하시는지를 온 천하에 드러내신 것이고 증명하신 것이다. 바울은 이렇게 말한다. "의인을 위하여 죽는 자가 쉽지 않고 선인을 위하여 용감히 죽는 자가 혹 있거니와 우리가 아직 죄인 되었을 때에 그리스도께서 우리를 위하여 죽으심으로 하나님께서 우리에 대한 자기의 사랑을 확증하셨느니라"(롬 5:7-8). 따라서 우리를 향한 하나님의 사랑은 조금도 의심하지 말아야 한다.

■ **하나님께서 그의 아들을 내어주셨다는 의미는 무엇인가?**

최고의 사랑은 상대방을 위하여 자신의 목숨을 내어주는 것이다. 자신의 목숨을 누군가를 위하여 대신하여 내어주는 것보다 더 큰 사랑은 없다. 예수께서도 "사람이 친구를 위하여 자기 목숨을 버리면 이보다 더 큰 사랑이 없나니"(요 15:13)라고 말씀하셨다.

따라서 하나님께서 우리를 사랑하신다면 그의 아들이 아니라 스스로 자신의 목숨을 내어주셨다고 해야 한다. 그런데 왜 하나님께서 자신이 아니라 그의 아들을 내어주신 것을 우리를 사랑하신 증거라고 하느냐는 것이다. 이를 알기 위해서는 예수님을 하나님의 아들이라고 표현한 것이 어떤 의미인지를 살펴야 한다.

혹자는 하나님의 아들을 마치 그리스 로마 신화에 나오는 것처럼 하나님께서 아내를 취해 그 사이에서 낳은 자식을 일컫는다고 생각한다. 그러나 하나님의 아들은 육신의 부모가 낳은 자식이라는 의미를 전혀 갖고 있지 않다. 이를 가장 잘 설명해주는 단어가 바로 독생자(獨生子)다. "말씀이 육신이 되어 우리 가운데

거하시매 우리가 그의 영광을 보니 아버지의 독생자의 영광이요 은혜와 진리가 충만하더라"(요 1:14, 참조 요 3:16).

독생자는 헬라어로 '모노게네스'(μονογενής)이다. 이는 '유일한, 하나'의 뜻을 가진 '모노스'(μόνος)와 '발생하게 되는 원인이 되다, 완성되다'의 뜻을 가진 '기노마이'(γίνομαι)의 합성어에서 파생된 것으로 하나님의 본질을 그대로 갖고 나온 유일한 사람이라는 뜻이다. 즉 독생자는 어떤 것과 비교할 수도 없고, 비교의 대상이 되지 않는 자로서 본질상 하나님과 동등한 자다. "이는 하나님의 영광의 광채시요 그 본체의 형상이시라 그의 능력의 말씀으로 만물을 붙드시며 죄를 정결하게 하는 일을 하시고 높은 곳에 계신 지극히 크신 이의 우편에 앉으셨느니라"(히 1:3, 참조 요 1:18).

이처럼 예수께서는 하나님의 독생자로서 하나님의 본질을 그대로 입고 나셨고, 하나님의 영광의 광채시고, 그 본체의 형상이시므로 하나님과 동등하시다. 즉 영으로 존재하시는 하나님께서 이 세상에 인간의 모양으로 오신 분이 예수님이시다. 따라서 하나님께서 우리를 위하여 그의 아들을 내어주셨다는 것은 그분이 친히 인간으로 오셔서 우리를 위하여 대신 죽으셨다는 뜻이다.

어떻게 창조주 하나님께서 친히 인간이 되셔서 죄인을 대신하여 십자가에 못 박혀 죽으실 수 있단 말인가? 그것은 하나님께서 우리를 얼마나 사랑하시는지를 확증하신 것이라고 말하는 것 외에는 달리 표현할 방법이 없다. 바울은 예수께서 십자가에 못 박혀 죽으신 의미를 이렇게 설명한다. "우리가 아직 죄인 되었을 때에 그리스도께서 우리를 위하여 죽으심으로 하나님께서 우리에 대한 자기의 사랑을 확증하셨느니라"(롬 5:8).

2. 왜 주님의 사랑을 의심하지 않아도 되는가?

부모의 사랑으로 자녀가 탄생하듯이 하나님의 자녀로 거듭나는 것도 하나님의 사랑으로 말미암는다. 하나님의 사랑을 받지 않고서는 결코 하나님의 자녀가 될 수 없다. 그런데 안타깝게도 하나님의 사랑을 받아 하나님의 자녀가 되었지만 힘들고 어려운 일이 지속되면 이를 의심하는 사람들이 부지기수다. 그러나 하나님의 자녀는 하나님의 사랑을 조금도 의심하지 않아도 된다. 그 이유는 무엇인가?

- **하나님의 사랑은 자녀로 삼으신 것에서 멈추지 않기 때문이다**

바울은 하나님의 사랑이 단지 우리를 그분의 자녀로 삼아주신 것에서 그치지 않고 계속된다고 말한다. "그런즉 이 일에 대하여 우리가 무슨 말 하리요 만일 하나님이 우리를 위하시면 누가 우리를 대적하리요 자기 아들을 아끼지 아니하시고 우리 모든 사람을 위하여 내주신 이가 어찌 그 아들과 함께 모든 것을 우리에게 주시지 아니하겠느냐"(롬 8:31-32).

개역개정판 외의 다른 번역본은 대부분 '모든 것을 우리에게 은사로 주지 아니하시겠느뇨'를 '선물로 값없이 주지 아니하시겠느냐'로 번역한다. 무슨 뜻인가? 하나님께서 그의 아들을 우리에게 주셨기에 그 외의 다른 것들도 아끼시지 않고 선물로 주신다는 것이다. 즉 하나님께서 계속해서 우리를 사랑하신다는 것이다.

이런 사실은 출애굽 사건 이후를 보면 쉽게 알 수 있다. 하나님께서 모세를 통해서 애굽에서 400년간 종살이하던 이스라엘 백성을 건져내신 후 어떻게 하셨는가? 거기서 멈추시지 않고 요단강을 건너게 하시고, 광야에서 40년간 만나와 메추라기를 주셔서 먹게 하셨고, 반석에서 물을 내어 마시게 하셨고, 발이 부르트지 않게 하셨고, 옷이 해어지지 않게 하셨고, 자손들을 하늘의 별처럼 불어나게 하셨다(느 9:20-21,23).

하나님의 사랑이 멈추지 않고 계속된다는 것은 육신의 부모와 자녀의 관계를 통해서도 확인할 수 있다. 부모는 자식을 낳은 후 그냥 버려두지 않는다. 자신을 희생하여 양육하고, 성장해서 자립할 때까지 도와준다. 그리고 때가 차면 결혼까지 시켜준다. 어디 그뿐인가? 결혼하여 자식을 낳으면 손자 손녀도 챙기고 자식들을 위해 끝까지 사랑을 베푼다.

육신의 부모도 이렇게 자기 자식을 끝까지 사랑하는데 하물며 영의 아버지이신 하나님께서 우리를 자녀로 삼으시고 광야와 같은 이 세상에 혼자 살아가도록 버려두시겠는가? 하나님께서 우리를 자녀로 삼으신 것은 단지 하나님의 사랑이 시작되었다는 것을 뜻한다. 하나님께서는 시작하신 일을 멈추지 않는다.

하나님의 자녀는 멈추지 않는 하나님의 사랑을 받고 살아가는 자다. 따라서 아무리 어려운 상황에 있을지라도 하나님의 사랑을 의심해서는 안 된다. 혹 육신의 부모는 자식을 버릴지라도 주님께서는 한번 택한 자녀들을 끝까지 사랑하신다. "내가 너희를 고아와 같이 버려두지 아니하고 너희에게로 오리라"(요 14:18).

필자가 초등학교에 다닐 때였다. 졸업식을 하는 날 모든 아이들은 가족들이 함께 모여 사진도 찍고 식사도 하는데 우리 가족들은 한 사람도 나타나지 않았다. 아버님이 일찍 돌아가셨기에 어머님은 5남매를 키우시느라고 막내둥이인 필자에게는 별로 관심을 쏟지 않으시는 것처럼 보였다.

그날 큰 상처를 받아 가출을 결심하고 졸업식장을 떠나 집으로 향하지 않고 시내를 배회하였다. 해가 어두워지자 막상 갈 곳이 없었기 때문에 우리 집 담과 옆집 담 사이에 있는 좁은 공간으로 들어가 숨어 있었다. 그리고 가족들이 어떻게 하는지를 보려고 했다. 밤 아홉 시가 넘자 가족들이 필자를 걱정하는 소리가 들렸다. 그리고 형들은 각각 흩어져서 찾자고 했다.

춥기도 하고 좁은 공간이라 계속 있는 것이 힘들었지만, 버티고 있었는데 갑자기 어머니께서 필자의 이름을 부르시는 소리가 들렸다. 그 순간 이런 마음이 들었다. '아! 어머님이 나를 사랑하시지 않는 것이 아니었구나!' 그래서 곧바로 마음을 바꾸고 나와서 집으로 들어갔다.

■ 하나님의 사랑의 뿌리가 깊기 때문이다

성경은 우리에 대한 하나님의 사랑이 창세 전부터 시작되었다고 말씀한다. "곧 창세 전에 그리스도 안에서 우리를 택하사 우리로 사랑 안에서 그 앞에 거룩하고 흠이 없게 하시려고 그 기쁘신 뜻대로 우리를 예정하사 예수 그리스도로 말미암아 자기의 아들들이 되게 하셨으니"(엡 1:4-5, 참조 요 17:24). 하나님께서 창세 전에 우리를 선택하셨다는 것은 우리에 대한 하나님의 사랑이 오래전부터 시작되었다는 것을 뜻한다. 즉 사랑의 뿌리가 매우 깊이 박혔기 때문에 흔들리지 않고 견고하다는 것이다.

하나님께서 어느 날 갑자기 우리를 사랑하셔서 그분의 자녀로 삼아주신 것이 아니다. 창세 전부터 아무런 조건 없이 먼저 우리를 사랑하시고 선택의 은혜를 베풀어주셔서 자녀로 삼아주신 것이다. 오랜 세월 뿌리를 땅에 깊이 내린 나무는 태풍이 몰아쳐도 끄덕하지 않듯이 우리를 향한 하나님의 사랑도 창세 전부터 시작되었기에 전혀 흔들리지 않는다.

따라서 아무리 어려운 상황이라도 하나님의 사랑을 의심하지 말아야 한다. 혹 우리가 죄를 짓고 믿음이 약해서 넘어져도 하나님께서는 용서하시고 끝까지 사랑하신다. 구름이 계속해서 태양을 가릴 수 없듯이 그 어느 것도 우리를 향한 하나님의 사랑을 막을 수는 없다.

참고로 하나님께서 창세 전에 그리스도 안에서 우리를 선택하셨다는 것이 어떤 의미인지를 살펴보아야 한다. 지금껏 장로교에서는 칼빈의 예정론을 신봉해왔다. 칼빈의 예정론은 한마디로 우리가 예수님을 믿기 전에 하나님의 절대 주권으로 혹자는 창세 전에 선택되었고 혹자는 유기가 예정되었다는 것이다.

그런데 바울 신학의 거장 김세윤 박사는 바울이 '하나님께서 창세 전에 우리를 선택하셨다'고 말할 때 항상 '그리스도 안에서'를 함께 사용한 것에 착안하여 칼빈의 예정론과는 전혀 다른 예정론을 주장한다. 즉 하나님께서 우리에게 베푸신 구원을 반드시 종말에 완성하신다는 것을 확신하도록 하기 위해 구원의 출발점을 창세 전으로 끌고 갔다고 해석한다. 왜냐하면 구원의 뿌리가 깊다는 것은 그만큼 구원이 견고하다는 것을 의미하기 때문이다. 그렇다. 하나님께서 창세 전부터 사랑하셨기 때문에 그 사랑은 구원을 완성하실 때까지 멈추지 않는다. 하나님께서 우리를 창세 전에 선택하셔서 자녀로 삼아주신 것을 믿는다면 결코 하나님의 사랑을 의심하지 말아야 한다.

- **하나님께서 영원불변하시기 때문이다**

성경은 하나님께서 영원하신 분이라고 말씀한다. "너는 알지 못하였느냐 듣지 못하였느냐 영원하신 하나님 여호와, 땅끝까지 창조하신 이는 피곤하지 않으시며 곤비하지 않으시며 명철이 한이 없으시며"(사 40:28, 참조 시 102:12).

하나님께서 영원하시므로 우리를 향한 사랑도 영원하다. 하나님께서는 우리처럼 변덕스럽지 않으시다. 한번 작정하신 것은 영원히 행하신다. 시편 기자는 "여호와의 계획은 영원히 서고 그의 생각은 대대에 이르리로다"(시 33:11)라고 고백한다. 하나님께서 영원히 사랑하시기로 작정하시고 우리를 자녀로 삼아주셨기에 그 사랑은 영원할 수밖에 없다.

그런데 왜 사람들은 하나님의 사랑을 의심할까? 크게 두 가지 이유라고 본다.

하나는 하나님을 자기 수준에서 생각하기 때문이다. 물론 하나님께서는 인간과 비슷한 속성을 갖고 계시다. 하나님께서 사랑하시고, 자비를 베푸시고, 긍휼을 베푸시고, 거룩하시고, 용서하시듯이 우리도 그렇게 한다. 그런데 하나님께서는 우리가 전혀 가지지 못한 속성 또한 갖고 계시다. 전지전능하시고, 영원불변하시고, 무소부재하시다. 이처럼 하나님께서 영원불변하시므로 우리처럼 수시로 변하시지 않고 작정하신 대로 영원히 사랑하신다. 따라서 하나님의 사랑을 우리의 사랑 수준으로 생각하거나, 우리가 종종 배신한다고 하나님께서도 그렇게 하신다고 생각하여 하나님의 사랑을 의심해서는 안 된다.

다른 하나는 하나님의 영원한 사랑을 진짜 경험하지 못하기 때문이다. 하나님의 사랑은 우리를 위해 자신의 목숨을 내어주시고 자녀로 삼아주신 것으로 끝이 아니라 영원하다. 우리에게 영생을 주셨기에 이 세상에서 멈추지 않고 천국에서도 계속된다. 이를 진짜 맛보았다면 어찌 하나님의 사랑을 의심하겠는가? 다윗이 "내 평생에 선하심과 인자하심이 반드시 나를 따르리니 내가 여호와의 집에 영원히 살리로다"(시 23:6)라고 고백한 것은 바로 이를 깨달았기 때문이다.

3. 주 사랑을 확신하면 모든 환난과 시험을 이길 수 있다

사도 바울은 다메섹 도상에서 예수님을 만난 후 수차례에 걸쳐 전 세계를 다니면서 복음을 전했다. 그런데 그의 전도 여행은 평탄하지 않았다. 환난과 핍박과 배고픔과 매 맞음과 각종 위험이 그를 따랐다. 그러함에도 그는 모든 역경을 극복하고 온 천하에 다니며 만민에게 복음을 증거하였다. 바울이 그렇게 할 수 있었던 이유는 무엇인가?

- **주님 때문에 당하는 모든 환난과 시험을 이길 수 있다**

바울은 이 물음에 이렇게 답한다. "누가 우리를 그리스도의 사랑에서 끊으리요 환난이나 곤고나 박해나 기근이나 적신이나 위험이나 칼이랴 기록된 바 우리가 종일 주를 위하여 죽임을 당하게 되며 도살 당할 양 같이 여김을 받았나이다 함과 같으니라 그러나 이 모든 일에 우리를 사랑하시는 이로 말미암아 우리가 넉넉히 이기느니라"(롬 8:35-37).

바울이 복음을 전하면서 당한 모든 환난과 시험을 이길 수 있었던 것은 하나님께서 그를 얼마나 사랑하시는지를 깨달았기 때문이다. 그가 깨달은 하나님의 사랑은 무엇인가? 하나님께서 대역죄를 범한 자신을 용서해주셨을 뿐 아니라 사도로 부르셔서 이방인과 유대인과 임금들에게 복음을 전하는 사명을 주셨다는 것이다.

세상에 이런 사랑이 어디 있는가? 바울은 하나님의 놀라운 사랑을 깨달았기 때문에 복음을 전하는 과정에서 당하는 모든 환난과 시험을 이길 수 있었다. 우리가 종종 주님을 인하여 당하는 환난과 시험을 이기지 못하고 낙심하는 것은 주님께서 우리를 얼마나 사랑하시는지를 온전히 깨닫지 못했기 때문이다.

이처럼 주 사랑을 확신하면 주님 때문에 당하는 모든 환난과 시험을 이기게 되는 이유는 무엇인가? 사람은 누구나 사랑받은 감동의 깊이와 넓이와 높이에 비례하여 사랑을 베푼 자를 사랑하게 되어 있는데, 하나님께서 우리를 죄와 사망의 법에서 건져주시기 위해 하늘의 영광과 권세를 포기하고 이 땅에 오셔서 십자가에 못 박혀 죽기까지 사랑하신 것을 깨달으면 그분을 위해 당하는 모든 환난과 시험을 오히려 기쁘게 생각하기 때문이다.

예수께서 십자가에 못 박혀 죽으시고 부활하신 후 제자들에게 세 번째로 나타나셔서 함께 아침 식사를 하시고 베드로에게 목양의 사명을 맡기시기 전, 세 번이나 물으셨다. 첫째로, "… 네가 이 사람들보다 나를 더 사랑하느냐 …"(요 21:15). 둘째로, "… 네가 나를 사랑하느냐 …"(요 21:16). 셋째로, "… 네가 나를 사랑하느냐 …"(요 21:17)이다. 즉 "네가 나를 사랑하느냐"라고 물으신 것이다.

왜 예수께서 베드로에게 세 번이나 이를 물으셨는가? 베드로가 주님의 십자가와 부활을 통하여 하나님의 사랑을 얼마나 깨달았는지를 확인하시기 위해서다. 주님께서 자기를 얼마나 사랑하시는지를 깨달아야 주님을 사랑한다고 고백할 수 있기 때문이다. 따라서 예수께서 "네가 나를 사랑하느냐"고 물으신 것은 "내가 너를 얼마나 사랑하는지 깨달았느냐?"고 물으신 것과 같다.

주님께서 자기를 얼마나 사랑하는지를 깨달은 자라야 주님을 인하여 당하는 모든 환난과 시험을 이길 수 있고 끝까지 주님을 따를 수 있다. 제자들이 죽음이 두려워서 예수님을 모른다고 부인하고 떠났지만, 다시 돌아와 복음을 전하다가 순교할 수 있었던 것은 하나님께서 그들을 얼마나 사랑하셨는지를 깨달았기 때문이다.

가수 마리아 앤더슨은 1955년 쉰 살이 넘은 나이에 흑인 최초로 뉴욕 메트로폴리탄 오페라하우스에서 관중을 열광시키며 감동적인 노래를 불렀다. 공연 후 한 기자가 물었다. "흑인에 대한 편견과 차별 속에서 희망을 잃지 않고 세계 정상에 우뚝 설 수 있었던 비결이 무엇입니까?"

그녀는 하늘을 응시하더니 이렇게 대답했다. "견디기 어려운 일에 부닥칠 때마다 언제나 제 시선은 고난과 부활의 예수님께로 향했지요. 그때마다 주님은 '내가 너를 사랑하노라'라고 말씀하셨어요." 그녀가 인종차별에 대한 각종 편견과 불평등을 견딜 수 있었던 것은 주 사랑을 확신했기 때문이다.

■ **주 사랑을 확신하면 십자가의 길을 끝까지 걸을 수 있다**

예수께서 우리의 주인이시므로 그분께서 가신 길을 따라가야 한다. 그러나 그 길은 힘들고 어렵기 때문에 그 길을 걷는 자를 찾기란 쉽지 않다. 어떻게 하면 주님께서 걸어가신 길을 걸을 수 있을까? 주님께서 얼마나 자신을 사랑하시는지를 깨달으면 된다. 왜 그럴까? 주 사랑을 확신하면 힘들고 어려운 길이 가볍고 순탄하게 느껴지기 때문이다.

사랑의 힘은 대단하다. 사랑은 물리적으로 먼 거리를 짧게 느껴지게 하고, 힘들고 어려운 것을 쉽게 느껴지게 한다. 야곱이 형 에서의 축복을 가로챈 일로 에서를 피하여 밧단 아람으로 도망하여 라헬을 얻기 위하여 칠 년 동안 외삼촌 라반을 섬겼지만 수일처럼 여길 수 있었던 것은 라헬을 사랑하였기 때문이다 (창 29:20).

영국의 한 광고회사가 큰 상을 내걸고 전 국민을 대상으로 스코틀랜드의 에든버러에서 런던까지 가장 빠른 시간에 갈 수 있는 방법을 묻는 퀴즈를 냈다. 워낙 상품이 컸기 때문에 많은 사람이 응모했다. 혹자는 비행기가 가장 빠르다느니, 혹자는 기차를 타고 가다가 어느 시점에서 버스로 갈아타는 게 가장 빠르다느니, 혹자는 새벽에 지름길로 승용차로 가는 것이 가장 빠르다느니 ….

그런데 누가 일등 상을 탔는지 아는가? '사랑하는 사람과 함께 간다'라는 답을 써낸 사람이다. 왜 그런가? 사랑하는 사람과 함께하면 먼 길일지라도 가깝게 느껴지기 때문이다. 이를 '사랑의 거리 계산법'이라고 한다. 사랑하시는 주님과 함께라면 아무리 멀고 험한 길이라도 즐거운 마음으로 갈 수 있다. 주 사랑을 확신하면 어떤 환난과 시험을 당해도 끝까지 십자가의 길을 갈 수 있다.

　미국의 오마하라는 도시에 '보이스 타운'(Boys Town)이라는 유명한 공동체가 있다. 1917년 에드워드 J. 플레너건 신부가 집 없는 소년들을 위해 세운 일종의 고아원이다. 그 입구에는 한 소년이 다른 소년을 등에 업고 있는 커다란 동상이 세워져 있다.

　일반적으로 가톨릭 성당에는 예수님이나 마리아 성상이 세워져 있는데 왜 이곳에는 이 동상이 세워져 있을까? 어느 날 신부가 고아원을 산책하던 중 어떤 소년이 자기 몸집만한 아이를 등에 업고 힘겹게 고아원 언덕을 올라오는 것을 보고서 "얘야, 무겁지 않니?"라고 묻자, 그 소년은 "아니요, 무겁지 않아요. 얘는 제 동생인걸요"라고 답했다.

　신부는 소년의 말에 크게 감동을 받고 이를 보이스 타운의 정신으로 삼고 이 동상을 건립했다. 왜 동생이 무겁지 않겠는가? 그런데 무겁게 느끼지 않은 것은 동생을 사랑하기 때문이다. 즉 동생을 사랑하는 마음이 그 소년으로 하여금 무겁지 않다고 느끼게 만든 것이다.

　왜 주님의 길을 따라가는 길이 힘들지 않겠는가? 그러나 그 길을 힘들지 않게 걷는 비법이 있다. 하나님께서 자기를 얼마나 사랑하시는지를 깨달으면 된다. 주 사랑을 확신하면 힘들고 어려운 길이 가볍게 느껴져서 십자가의 길을 걸을 수 있다.

4. 주 사랑을 확신하면 지상 명령에 순종해야 한다

주 사랑의 확신을 가진다는 것은 신앙생활에 있어서 매우 중요하다. 그러나 단지 주 사랑의 확신을 가진 것으로 만족해서는 안 된다. 주 사랑의 확신으로 주님을 사랑해야 한다. 그리고 주님의 계명을 지켜야 한다(요일 5:3). 예수께서도 "나의 계명을 지키는 자라야 나를 사랑하는 자니 나를 사랑하는 자는 내 아버지께 사랑을 받을 것이요 나도 그를 사랑하여 그에게 나를 나타내리라"(요 14:21)고 말씀하셨다. 주님의 명령은 크게 세 가지다. 대 계명(the Great Commandment)과 새 계명(New Command)과 지상 명령(the Great Commitment)으로 나눌 수 있다.

- **주 사랑을 확신하면 새 계명을 지켜야 한다**

새 계명은 율법을 가리키는 옛 계명에 대비되는 것으로 예수께서 친히 주신 사랑의 계명을 뜻한다. "새 계명을 너희에게 주노니 서로 사랑하라 내가 너희를 사랑한 것 같이 너희도 서로 사랑하라"(요 13:34). 그런데 예수께서는 새 계명을 주신다고 말씀하시면서 구약의 옛 계명을 인용하셨다. "원수를 갚지 말며 동포를 원망하지 말며 네 이웃 사랑하기를 네 자신과 같이 사랑하라 나는 여호와이니라"(레 19:18).

예수께서 이렇게 말씀하신 것을 통하여 무엇을 알 수 있는가? 옛 계명과 새 계명이 다르지 않다는 것이다. 우리가 알다시

피 옛 계명이나 새 계명이나 내용이 동일하다. 한마디로 자기의 이웃을 자기 자신처럼 사랑하라는 것이다.

왜 예수께서 두 계명이 같은데 옛 계명과 새 계명을 구분하여 말씀하셨는가? 그것은 다른 부분이 있기 때문이다. 하나도 다른 것이 없다면 예수께서 옛 계명과 새 계명을 구분하여 말씀하실 리 없다. 두 계명의 차이는 각각 실천 방법이 다름에 있다. 옛 계명은 우리의 힘과 능력으로 지키라고 주신 것이고, 새 계명은 주 안에 거함으로 지키라고 주신 계명이다(요 15:4-5).

우리는 옛 계명을 지킬 수 없다. 자신도 사랑하지 못하는데 어떻게 다른 사람을 내 몸처럼 사랑할 수 있겠는가? 또한 우리 안에 욕심과 정욕이 가득한데 어떻게 원수를 사랑할 수 있겠는가? 옛 계명 앞에서는 우리의 죄인 됨과 악함과 불순종이 드러날 뿐이다.

그래서 예수께서 옛 계명을 지킬 수 있는 새로운 방법을 가르쳐 주셨는데 그것은 주 안에 거하라는 것이다. 어떻게 하면 주 안에 거할 수 있는가? 주 사랑을 확신하고 주의 사랑 안에 거하면 된다. *"하나님이 우리를 사랑하시는 사랑을 우리가 알고 믿었노니 하나님은 사랑이시라 사랑 안에 거하는 자는 하나님 안에 거하고 하나님도 그의 안에 거하시느니라"*(요일 4:16).

그러나 우리가 주 안에 거한다고 가만히 있어도 새 계명을 지키게 되는 것은 아니다. 주님을 본받아 기꺼이 자신을 희생해야 한다. 이런 사실은 예수께서 새 계명을 언제 말씀하셨는지를 살펴보면 알 수 있다. 예수께서 서로 사랑하라고 새 계명을 주신 때는 유월절 어린 양으로 자신을 내어주시기 전이다. 즉 주님께서 친히 희생의 본을 보여주시면서 새 계명을 주신 것이다.

우리의 힘과 능력으로는 결코 새 계명을 지킬 수 없다. 그러나 주 사랑의 확신으로 주 안에 거하기 위해 힘쓸 때 주께서 우리 안에 거하셔서 힘과 능력으로 공급하시기 때문에 새 계명을 지킬 수 있다.

■ 주 사랑을 확신하면 대 계명을 지켜야 한다

한 율법사가 예수님을 시험하여 "선생님 율법 중에서 어느 계명이 크니이까"(마 22:36)라고 묻자, 예수께서 다음과 같이 말씀하셨다. "… 네 마음을 다하고 목숨을 다하고 뜻을 다하여 주 너의 하나님을 사랑하라 하셨으니 이것이 크고 첫째 되는 계명이요 둘째도 그와 같으니 네 이웃을 네 자신 같이 사랑하라 하셨으니 이 두 계명이 온 율법과 선지자의 강령이니라"(마 22:37-40). 예수께서 이렇게 말씀하신 두 계명을 대 계명이라고 일컫는다.

예수께서 이렇게 율법사에게 두 계명을 지키라고 말씀하신 것을 통하여 무엇을 알 수 있는가? 성경에서 두 계명을 지키는 것보다 더 중요한 것이 없다는 뜻이다. 이를 지키고 있지 않다면 모든 계명을 지키고 있는 것이 아니다. 그리스도인이라면 반드시 이 두 계명을 지켜야 한다.

그런데 이 두 계명을 지키기 위해 얼마나 애쓰고 있는가?

마음과 목숨과 뜻을 다하여 하나님을 사랑하고 있는가? 이웃을 자신처럼 사랑하고 있는가? 대부분 예수께서 말씀하신 두 계명을 알고는 있지만 실제로 지키겠다고 애쓰는 자들을 찾아보기 어렵다.

이런 문제로 고민하던 중 갑자기 필자에게 이런 의문이 들었다. '예수께서 두 계명을 지키는 것이 성경의 골자라고 하셨는데 이 계명을 실천하는 방법을 가르쳐 주시지 않았을까?' 독자들은 어떻게 생각하는가?

당연히 가르쳐주셨다는 생각이 들었다. 그래서 필자는 이를 알기 위해 주님께 간절히 기도했다. 그러던 어느 날 성경을 묵상하던 중 그 답을 찾았다. 그것은 다름 아닌 주님의 마지막 명령에 순종하면 두 계명을 지키는 것임을 깨달았다. "그러므로 너희는 가서 모든 민족을 제자로 삼아 아버지와 아들과 성령의 이름으로 세례를 베풀고 내가 너희에게 분부한 모든 것을 가르쳐 지키게 하라 볼지어다 내가 세상 끝날까지 너희와 항상 함께 있으리라 하시니라"(마 28:19-20).

주님의 마지막 명령은 한마디로 제자 삼으라는 것이다. 어떻게 제자 삼으라는 명령에 순종하는 것이 대 계명, 즉 하나님을 사랑하라는 명령과 이웃을 사랑하라는 명령을 실천하는 것일까? 하나님을 사랑한다는 것은 하나님을 기쁘시게 한다는 것인데, 하나님께서 잃어버린 영혼을 구원하는 것을 가장 기뻐하시므로 제자 삼아 복음을 전하면 가장 효과적으로 잃어버린 영혼을 구원할 수 있기 때문이다.

또 최고의 이웃 사랑은 복음을 전해서 구원을 받게 하는 것이다. 그런데 제자 삼아 복음을 전하면 가장 효과적으로 비신자들을 구원할 수 있기 때문이다. 어느 날 가까이 지내던 목사로부터 자신이 번역했다며 책 한 권을 선물로 받았다. 책명은 〈제자입니까?〉(Ralph Moore, 믿음의 말씀사, 2016)이다.

평소에는 시간이 없어서 비행기 안에서 읽던 중 온몸에 전율을 느끼지 않을 수 없었다. 랄프 무어도 필자와 동일한 주장을 하고 있었기 때문이다. "주님의 대 계명을 실천하는 길은 주님의 마지막 명령에 순종하는 것이다."

예수님의 대 계명을 실천하는 길은 지상 명령, 즉 가서 제자 삼으라는 명령에 순종하는 것이다. 따라서 주 사랑의 확신을 가진 자는 반드시 '가서 제자 삼으라'는 지상 명령에 순종해야 한다. 주님께서 사랑하신다는 것을 확신하지만 지상 명령에 순종하지 않는 것은 껍데기 신앙생활을 하는 것이다.

참고로, 예수님의 대 계명과 새 계명의 관계에 대해 살펴보자. 대 계명은 하나님을 사랑하고 이웃을 사랑하라는 것이고(마 22:37-40), 새 계명은 서로 사랑하라는 것이다(요 13:34). 즉 두 계명은 모두 사랑이라는 주제를 다룬다. 그런데 두 계명을 자세히 살펴보면 전혀 다르다는 것을 알 수 있다.

첫째로, 대상이 전혀 다르다. 대 계명은 예수님을 대적하는 율법사들에게 하신 것이고, 새 계명은 예수님을 따르는 제자들에게 하신 것이다.

둘째로, 동기가 전혀 다르다. 대 계명은 예수님을 올무에 빠 뜨리려는 바리새인들에게 성경의 핵심이 무엇인지를 가르쳐 주 시기 위해서 말씀하신 것이다. 즉 성경 전체가 사랑을 가르치는 데 그들은 비판과 정죄를 일삼았기 때문이다. 새 계명은 예수께 서 제자들에게 본을 보여주신 대로 서로 사랑하라고 교훈하신 것이다. 즉 기독교는 사랑의 종교이므로 서로 섬기고 사랑해야 한다는 것이다.

5. 주 사랑의 음성을 듣고 있는가?

하나님께서 사랑하신다는 것을 확신하는 것과 실제로 하나님께서 사랑하신다는 음성을 듣고 살아가는 것은 별개다. 이는 마치 예수께서 그리스도이심을 믿는 것과 삶 속에서 하나님의 구원을 경험하며 살아가는 것이 다른 것과 같다. 주 사랑을 확신하는 것으로 만족하지 말고 주님께서 사랑하신다는 음성을 들으면서 살아가야 한다.

어느 날 새벽 말씀을 묵상하던 중 갑자기 이런 의문이 생겼다. '주님께서는 어떻게 십자가를 지시고 끝까지 하나님의 명령에 순종하실 수 있었을까?' 그 순간 예수께서 세례를 받고 물에서 올라오실 때 일어난 장면이 떠올랐다.

예수께서 하늘이 열리고 하나님의 성령이 비둘기 모양으로 자신 위에 내려오시는 것을 보셨는데, 바로 그때 하늘로부터 소리가 들렸다. "하늘로부터 소리가 있어 말씀하시되 이는 내 사랑하는 아들이요 내 기뻐하는 자라 하시니라"(마 3:17). 예수께서 공생애 동안 하나님의 말씀에 순종하시고 마침내 십자가에 못 박히실 수 있었던 것은 주 사랑의 음성을 들으셨기 때문이다.

이런 사실은 예수께서 친히 말씀하신 것을 통해서도 확인할 수 있다. "아버지께서 나를 사랑하신 것과 같이 나도 너희를 사랑하였으니 나의 사랑 안에 거하라 내가 아버지의 계명을 지켜 그의 사랑 안에 거하는 것 같이 너희도 내 계명을 지키면 내 사랑 안에 거하리라"(요 15:9-10, 참조 요 3:35, 5:20, 10:17, 14:31, 17:23).

필자는 젊은 시절 7년 동안 부교역자로 섬기던 교회를 사임하고 단독 목회를 준비하기 위해 강원도 동해에 소재하고 있는 동해기도원에서 40일간 금식기도를 하였다. 매일 8시간의 기도와 8시간의 성경 읽기를 통하여 성령 충만을 받아서 그런지는 몰라도 별로 힘든 것을 모르고 금식하고 있었다.

그러던 중 35일째를 맞이하여 정규 예배에 참석하려고 일어서는데 갑자기 온몸에 힘이 빠지면서 방바닥에 쓰러졌다. 전혀 몸을 움직일 수 없었다. 순간 이런 생각이 들었다. '장기 금식하다가 죽는 사람들이 있다는데 나도 금식하다 죽는구나.'

그런데 그런 생각과 함께 갑자기 이상한 일이 일어났다. 마치 지진이 일어난 것처럼 필자가 누웠던 자리가 크게 흔들리면서 하늘로부터 하나님의 음성이 들려왔다. "내 사랑하는 종아, 너의 남은 금식을 내가 친히 인도하리라."

깜짝 놀라지 않을 수 없었다. 평소 기도를 많이 하므로 영적 체험을 자주 하고 있었지만 이런 경우는 처음이었다. 신기한 것은 그 음성을 듣자마자 머리부터 발끝까지 힘이 들어오는 것이 느껴졌고 자신도 모르게 곧바로 일어났다. 그때 누군가 내 방문을 두드렸다. 문을 열어보니 기도원 원장이었다.

그분은 35일 동안 내 방에 온 적이 한 번도 없었다. 문 밖에 선 채로 이렇게 말했다. "목사님, 제가 남은 5일 동안 목사님을 위해 하루 3번씩 예배를 드리겠습니다." 남은 기간 원장님과 함께 예배를 드리면서 위로부터 오는 새 힘을 공급받았고 40일 금식을 하나님의 은혜 가운데 잘 마칠 수 있었다.

필자가 이를 체험하고 깨달은 것이 있다. 그것은 힘들고 어려울 때 사람에게 위로의 말을 들으려고 하지 말고, 하나님께서 사랑한다고 말씀하시는 음성을 들으려고 해야 한다는 것이다. 만일 필자가 '내 사랑하는 종'이라는 주님의 음성을 듣지 못했다면 40일 금식을 끝까지 승리하지 못했을 것이다.

복음 성가 가사 중 "아침 안개 눈앞 가리듯 나의 약한 믿음 의심 쌓일 때 부드럽게 다가온 주의 음성 아무것도 염려하지 마라 빗줄기에 바위 패이듯 나의 작은 소망 사라져 갈 때 고요하게 들리는 주의 음성 내가 너를 사랑하노라"가 있듯이 '내가 너를 사랑하노라'라는 주님의 음성을 들으면 그 어떤 시험도 이길 수 있다.

힘들고 어려울 때 누구의 말을 들으려고 하는가? 사람의 말을 들으면 위로 대신 상처를 받지만, 주님의 음성을 들으면 위로를 얻게 된다. 주님께서 우리를 사랑하신다는 것은 조금도 의심의 여지가 없다. 바울이 전도 여행 중 모든 핍박과 고난을 견뎌낼 수 있었던 것은 주님께서 그를 사랑하신다는 음성을 들었기 때문이다.

'내가 너를 사랑하노라'라는 주님의 음성을 듣고 있는가?

08장
상 주심의 확신으로 살아가다

1. 상 주심을 확신하고 있는가?

사람은 누구나 한 번은 죽어야 하고 죽은 후에는 반드시 심판을 받아야 한다(히 9:27, 참조 롬 2:16). 비신자나 신자나 모두 심판을 받는다. 심판을 피할 자는 하나도 없다. 그런데 각각 심판의 성격이 다르다. 비신자는 천국과 지옥이 결정되는 심판을 받고(계 21:8, 참조 살후 2:12), 신자는 상급이 결정되는 심판을 받는다(고후 5:10).

■ **모든 사람은 심판의 대상자다**

하나님은 창조주이실 뿐 아니라 심판자이시므로 마지막 날 반드시 심판하신다. 그런데 하나님께서 마음대로 심판하시지 않고 성경에 기록된 대로 심판하신다. 성경은 심판을 크게 두 가지로 언급한다. 하나는 예수 그리스도를 믿지 않은 자들에 대한 심판이고, 다른 하나는 이미 구원받은 자들에 대한 심판이다.

먼저, 비신자에 대한 심판의 기준은 무엇인가? "내가 진실로 진실로 너희에게 이르노니 내 말을 듣고 또 나 보내신 이를 믿는 자는 영생을 얻었고 심판에 이르지 아니하나니 사망에서 생명으로 옮겼느니라"(요 5:24).

비신자의 심판 기준은 예수 그리스도와의 관계 여부다. "진리를 믿지 않고 불의를 좋아하는 모든 자들로 하여금 심판을 받게 하려 하심이라"(살후 2:12). 즉 예수님을 믿느냐, 안 믿느냐이다. 진심으로 회개하고 예수께서 자신의 죄를 대신하여 십자가에 못 박혀 죽으시고 부활하신 사실, 즉 복음을 믿으면 이미 구원을 받았으므로 장차 심판을 받지 않는다(요 5:24).

당신은 이를 확신하고 있는가? 만일 이에 대한 확신이 없다면 두 가지를 점검해야 한다. 하나는 정말 회개의 강을 건넜느냐는 것이다. 즉 자신이 죄인인 줄 깨닫고, 감정적으로 슬퍼하고, 의지적으로 주님께 돌이켰는지를 점검해야 한다. 그리고 다른 하나는 복음, 즉 예수께서 자신의 죄를 대신하여 십자가에 못 박혀 죽으시고 부활하신 사실을 믿느냐는 것이다.

신자의 심판 기준은 하나님의 말씀이다. 즉 예수 그리스도를 영접한 후 하나님의 말씀에 얼마나 순종했느냐에 따라 상급이 결정된다. "네가 어찌하여 네 형제를 비판하느냐 어찌하여 네 형제를 업신여기느냐 우리가 다 하나님의 심판대 앞에 서리라 기록되었으되 주께서 이르시되 내가 살았노니 모든 무릎이 내게 꿇을 것이요 모든 혀가 하나님께 자백하리라 하였느니라 이러므로 우리 각 사람이 자기 일을 하나님께 직고하리라"(롬 14:10-12, 참조 고전 4:5).

모든 그리스도인은 마지막 날 하나님의 심판대 앞에 서게 되고 각자 무릎을 꿇고 자기 일을 아뢰고 행한 대로 심판을 받는다. 그리고 이 심판에 의해 영원한 상급이 결정된다. 따라서 장차 하나님의 심판이 있음을 믿는다면 하나님의 말씀대로 살기 위해 힘써야 한다.

- **천국의 상은 차등이 없다?**

전통적으로 천국의 상은 구원받은 후 하나님의 말씀에 어떻게 반응하느냐에 따라 결정된다고 믿어 왔다. 지금도 대다수 그리스도인은 이렇게 믿고 있다. 그런데 몇몇 신학자들이 천국의 상은 차등이 없다고 주장함으로 충돌이 일어나고 있어 이에 대한 정리가 필요한 상황이다.

천국의 상급에 차등이 없다고 하는 사람들은 무엇보다도 성경이 구원 자체를 천국의 상이라고 말씀한다고 주장한다. 즉 구원 자체가 죄로 인하여 지옥에 던져져 영원히 고통을 당해야 할 운명에 놓였던 자가 받을 수 있는 가장 큰 상인데 천국에서 또 다른 상이 있다고 주장하는 것은 의미가 없다는 것이다.

그러면서 그들은 아래 성경 구절의 상과 면류관은 구원을 의미한다고 주장한다.

"운동장에서 달음질하는 자들이 다 달릴지라도 오직 상을 받는 사람은 한 사람인 줄을 너희가 알지 못하느냐 너희도 상을 받도록 이와 같이 달음질하라"(고전 9:24).

"이제 후로는 나를 위하여 의의 면류관이 예비되었으므로 주 곧 의로우신 재판장이 그 날에 내게 주실 것이며 내게만 아니라 주의 나타나심을 사모하는 모든 자에게도니라"(딤후 4:8).

"이방들이 분노하매 주의 진노가 내려 죽은 자를 심판하시며 종 선지자들과 성도들과 또 작은 자든지 큰 자든지 주의 이름을 경외하는 자들에게 상 주시며 또 땅을 망하게 하는 자들을 멸망시키실 때로소이다 하더라"(계

11:18).

또 천국에서 상급의 차등은 천국의 속성과 거리가 멀고, 기복 신앙을 부추겨서 건강한 신앙생활을 저해하고, 천국에서조차 영원히 수치와 부끄러움을 당한다면 굳이 천국에 들어갈 이유가 어디 있느냐며 전통적인 상급론에 이의를 제기한다.

그런데 과연 구원 자체가 가장 큰 상이므로 천국의 상은 모두 동일할까? 즉 천국의 상은 전혀 차등이 없을까? 그렇지 않다. 무엇보다 예수께서 친히 천국에서도 차등이 있다고 하셨다. "내가 진실로 너희에게 말하노니 여자가 낳은 자 중에 세례 요한보다 큰 이가 일어남이 없도다 그러나 천국에서는 극히 작은 자라도 그보다 크니라"(마 11:11).

또 천국의 상을 구원의 의미보다는, 구원받은 후 행한 것에 따라 천국에서 보상을 받는 개념으로 사용된 예가 더 많다 (시 19:11; 마 5:11-12, 6:1, 10:40-42, 16:27; 막 10:40; 눅 6:35; 롬 14:10-12; 고전 3:8, 3:14-15, 9:17-18; 고후 5:10; 빌 3:14; 히 10:35, 11:26; 계 2:10, 2:25-26, 22:12).

예를 들어, 마태복음 5장 11-12절을 통하여 알아보자. "나로 말미암아 너희를 욕하고 박해하고 거짓으로 너희를 거슬러 모든 악한 말을 할 때에는 너희에게 복이 있나니 기뻐하고 즐거워하라 하늘에서 너희의 상이 큼이라 너희 전에 있던 선지자들도 이같이 박해하였느니라"(마 5:11-12).

이 말씀은 예수님 때문에 욕을 얻어먹고 핍박을 당하는 자는 하늘에서 상이 크기 때문에 기뻐하고 즐거워하라는 뜻이다. 여기서 '상'(미스도스)은 원래 노동자에게 노동의 대가로 지급하는 '임금, 삯'으로 이는 어떤 일에 대한 대가로 갚아주는 '보상'을 뜻한다. 즉 상은 자신의 행위에 대한 대가로 받는 것이다.

그런데 구원을 어떻게 받는가? 착하게 살기 때문에 받는가? 그렇지 않다. 값없이 하나님의 은혜로 받는다. 바울은 이 점을 분명히 밝힌다. "너희는 그 은혜에 의하여 믿음으로 말미암아 구원을 받았으니 이것은 너희에게서 난 것이 아니요 하나님의 선물이라 행위에서 난 것이 아니니 이는 누구든지 자랑하지 못하게 함이라"(엡 2:8-9).

또 예수께서 박해와 핍박을 받을 때 하늘에서 너희 상이 크다고 말씀하셨는데, '크다'(폴루스)는 원래 '많다'는 뜻이다. 따라서 상을 많이 받는 사람이 있는가 하면, 적게 받는 사람이 있다는 것이다. 즉 단지 그리스도인이기 때문에 상을 많이 받는 것이 아니라 예수님 때문에 욕을 먹고 핍박을 당했기 때문에 많이 받는 것이다. 따라서 천국의 상을 구원 자체로만 이해해서는 안 된다.

다음은 마태복음 10장 40-42절을 통하여 알아보자. "너희를 영접하는 자는 나를 영접하는 것이요 나를 영접하는 자는 나를 보내신 이를 영접하는 것이니라 선지자의 이름으로 선지자를 영접하는 자는 선지자의 상을 받을 것이요 의인의 이름으로 의인을 영접하는 자는 의인의 상을 받을 것이요 또 누구든지 제자의 이름으로 이 작은 자 중 하나에게 냉수 한 그릇이라도 주는 자는 내가 진실로 너희에게 이르노니 그 사람이 결단코 상을 잃지 아니하리라 하시니라"(마 10:40-42).

　본문에서 말하는 '상'은 각자의 선행에 대해 하나님께서 갚아주시는 보상을 뜻하지 구원이나 영생을 뜻하지 않는다. 만일 본문의 상을 구원이나 영생으로 해석한다면 자기의 행위로 구원이나 영생을 얻게 된다는 결론에 도달하게 된다.

　다음은 요한 계시록 22장 12절을 통하여 알아보자. "보라 내가 속히 오리니 내가 줄 상이 내게 있어 각 사람에게 그가 행한 대로 갚아주리라"(계 22:12). 주님께서 속히 오셔서 각 사람에게 행한 대로 상을 주신다고 말씀하고 있는데, 이 상을 받을 자는 이미 구원받은 그리스도인이다. 만일 본문의 상을 구원이라고 해석한다면 하나님의 은혜로 구원을 받지 않고 각자가 행한 대로 받는다는 결론에 도달하게 된다.

　하나님께서 공평하시므로 천국에서 받는 상에 차등이 없다고 주장하는 것은 하나님께서 세우신 법칙, 즉 심은 대로 거둔다는 법칙인 종두득두의 법칙을 부정하는 것이다. 구원받은 후 간신히 주일에 한 번 교회에 출석하여 예배를 드리는 자와 바울, 베드로, 스데반, 주기철 목사처럼 복음을 전하고 순교한 자가 천국에서 상이 같다면 어찌 이를 공평하다고 할 수 있는가? 또한 하나님께서 상을 주시기 위해서 심판하시는데 만일 천국에서 받는 상에 차등이 전혀 없다면 굳이 심판하실 이유가 어디 있겠는가?

　그러면 천국에서 상의 차등이 있다면 이를 어떻게 알 수 있는가? 전통적으로 신앙생활을 잘하면 천국에서 영원히 금 면류관을 쓰고 영광을 누리지만, 그렇게 하지 않으면 영원히 개털 모자를 쓰고 부끄러움을 당한다고 가르쳐온 것이 사실이다(참조, 고전 3:15).

그런데 성경은 천국을 어떤 곳이라고 가르치는가? "모든 눈물을 그 눈에서 닦아 주시니 다시는 사망이 없고 애통하는 것이나 곡하는 곳이나 아픈 것이 다시 있지 아니하리니 처음 것들이 다 지나갔음이러라"(계 21:4). 한마디로 천국은 눈물과 고통과 애통과 아픔이 없는 곳이다. 그리고 천국은 믿는 자가 심판을 통해 들어가는 곳이다. 따라서 천국에서 부끄러움과 수치를 영원히 느끼는 상이 있다고 주장해서는 안 된다.

헤르만 바빙크(Herman Bavinck)가 그의 저서 〈개혁교의학〉에서 "구원은 모든 사람에게 동일하다. 그러나 빛남과 영광에 있어서 차이가 있다"고 말하고 있듯이, 천국은 주님과 영원히 함께하는 곳이기에 오직 빛남과 영광으로 그 차이를 알 수 있다.

2. 천국의 상은 무엇으로 결정되는가?

이 세상에 시상제도가 있듯이 천국에도 시상제도가 있다. 그런데 세상과 천국에서 상을 결정하는 기준이 다르다. 이 세상에서는 다른 사람과의 경쟁에서 이긴 자만 상을 받지만, 천국에서는 승패와 관계없이 누구나 받는다. 그렇다면 천국에서는 무엇을 기준으로 상급이 결정되는가?

■ 열매는 천국에서 상의 판단 기준이 아니다

일반적으로 열매에 의해 천국의 상이 결정된다고 생각하고 있다. 왜 사람들이 그렇게 생각할까? 여러 가지 이유가 있지만, 무엇보다 하나님의 말씀을 자의적으로 해석하기 때문이다. 예를 들어 예수께서 산상수훈에서 '열매로 그들을 알리라'고 말씀하시고 천국에 들어갈 자와 들어가지 못할 자를 말씀하셨는데 이를 잘못 이해하기 때문이다.

"이와 같이 좋은 나무마다 아름다운 열매를 맺고 못된 나무가 나쁜 열매를 맺나니 좋은 나무가 나쁜 열매를 맺을 수 없고 못된 나무가 아름다운 열매를 맺을 수 없느니라 아름다운 열매를 맺지 아니하는 나무마다 찍혀 불에 던져지느니라 이러므로 그들의 열매로 그들을 알리라 나더러 주여 주여 하는 자마다 다 천국에 들어갈 것이 아니요 다만 하늘에 계신 내 아버지의 뜻대로 행하는 자라야 들어가리라 그 날에 많은 사람이 나더러 이르되 주여 주여 우리가 주의 이름으로 선지자 노릇 하며 주의 이름으로 귀신을 쫓아 내며 주의 이름으로 많은 권능을 행하지 아니하였나이까 하리니 그 때에 내가 그들에게 밝히 말하되 내가 너희를 도무지 알지 못하니 불법을 행하는 자들아 내게서 떠나가라 하리라"(마 7:17-23).

예수께서 이렇게 말씀하신 것은 천국의 상이 이 세상의 열매로 결정된다는 것을 말씀하신 것이 아니라, 하나님 나라의 백성은 당연히 열매 맺는 삶을 살아가야 한다는 것을 강조하신 것이다. 만일 문자 그대로 하나님의 뜻대로 행하는 자, 즉 열매 맺는 자만 천국에 들어갈 수 있다면 어느 누가 들어갈 수 있겠는가?

다른 예를 들면 예수께서 '포도원 농부 비유'를 들며 하나님 나라의 열매 맺는 백성이 하나님의 나라를 받는다고 말씀하신 것을 잘못 이해하기 때문이다. "그러므로 내가 너희에게 이르노니 하나님의 나라를 너희는 빼앗기고 그 나라의 열매 맺는 백성이 받으리라"(마 21:43, 참조 막 12:1-12; 눅 20:9-18).

이 포도원 비유는 하나님께서 많은 열매를 원하셔서 이스라엘을 택하셨는데 그들이 하나님의 뜻에 거역하므로 수없이 선지자들을 보내 경고하셨지만, 돌이키지 않고 예수님마저 십자가에 못 박아 죽였기 때문에 그들의 역할이 이방인에게 넘어갈 것을 말씀하신 것이다. 따라서 이 비유에 근거하여 열매로 천국의 상이 결정된다고 주장해서는 안 된다.

그러면 열매를 천국의 상을 판단하는 기준이 아니라고 주장하는 이유는 무엇인가? 하나님께서 사람을 절대적으로 평가하시지 않고 상대적으로 평가하시기 때문이다. 즉 하나님께서는 사람을 외적인 결과로 평가하시지 않고 중심을 보시고 평가하시기 때문이다.

이런 사실은 예수께서 부자와 가난한 과부가 드린 헌금을 보시고 말씀하신 것을 보면 알 수 있다. "예수께서 눈을 들어 부자들이 헌금함에 헌금 넣는 것을 보시고 또 어떤 가난한 과부가 두 렙돈 넣는 것을 보시고 이르시되 내가 참으로 너희에게 말하노니 이 가난한 과부가 다른 모든 사람보다 많이 넣었도다 저들은 그 풍족한 중에서 헌금을 넣었거니와 이 과부는 그 가난한 중에서 자기가 가지고 있는 생활비 전부를 넣었느니라 하시니라"(눅 21:1-4, 참조 막 12:41-44).

사람들은 부자가 과부보다 훨씬 헌금을 많이 했다고 생각하였다. 그러나 예수께서는 가난한 과부가 두 렙돈을 넣는 것을 보시고 부자들이 헌금한 것보다 더 많이 넣었다고 말씀하셨다. 왜 예수께서 그렇게 말씀하셨는가? 부자는 풍족한 가운데서 일부를 넣었지만, 가난한 과부는 가난한 중에서 가진 생활비 전부를 넣었기 때문이다. 즉 주님께서는 단지 드린 금액을 보고 평가하시지 않고 소유한 재산 중에 얼마를 드렸는가를 보고 평가하신 것이다.

따라서 겉으로 드러난 결과만 보고서 장차 천국에서 받을 상을 예단하지 말아야 한다. 예를 들어 도심에서 대형교회를 목회하는 목사는 천국에서 상을 크게 받고, 농어촌에서 작은 교회를 목회하는 목사는 작게 상을 받을 것이라고 생각하지 말아야 한다. 또 정반대의 생각도 하지 말아야 한다.

도시에서 대형교회를 목회하든 농어촌에서 소형교회를 목회하든 주님께서 주신 능력 안에서 죽도록 충성한다면 동일한 상을 받는다. 주님께서는 주신 것보다 더 큰 열매를 요구하시지 않는다. "주인의 뜻을 알고도 준비하지 아니하고 그 뜻대로 행하지 아니한 종은 많이 맞을 것이요 알지 못하고 맞을 일을 행한 종은 적게 맞으리라 무릇 많이 받은 자에게는 많이 요구할 것이요 많이 맡은 자에게는 많이 달라 할 것이니라"(눅 12:47-48).

■ 천국에서 상의 판단 기준은 충성이다

그러면 천국의 상을 결정하는 기준은 무엇인가? 그것은 주님께 대한 충성도다. 이런 사실은 예수께서 말씀하신 달란트 비유를 통하여 알 수 있다. 달란트 비유는 종들이 각기 다른 달란트를 받은 후 행동한 것에 대한 주인의 평가를 자세히 소개한다 (마 25:14-30).

다섯 달란트를 받은 종은 곧바로 장사하여 다섯 달란트를 남겼고, 두 달란트를 받은 종도 곧바로 장사하여 두 달란트를 남겼는데, 한 달란트를 받은 종은 받은 달란트를 땅속에 묻어두었다. 오랜 시간이 흐른 후에 주인이 돌아와 결산하는데 다섯 달란트와 두 달란트를 받은 종들은 각각 칭찬을 받았고 한 달란트를 받은 종은 혹독하게 책망을 받았다.

여기서 주목해야 할 것이 있다. 주인이 다섯 달란트와 두 달란트를 받은 종들에게 똑같이 칭찬했다는 것이다. 다섯 달란트를 받아 다섯 달란트를 남긴 자에 대한 평가다. "그 주인이 이르되 잘하였도다 착하고 충성된 종아 네가 적은 일에 충성하였으매 내가 많은 것을 네게 맡기리니 네 주인의 즐거움에 참여할지어다 하고"(마 25:21).

다음은 두 달란트를 받아 두 달란트를 남긴 자에 대한 평가다. "그 주인이 이르되 잘하였도다 착하고 충성된 종아 네가 적은 일에 충성하였으매 내가 많은 것을 네게 맡기리니 네 주인의 즐거움에 참여할지어다 하고"(마 25:23).

주인은 다섯 달란트 받은 종과 두 달란트 받은 종 모두에게 똑같이 칭찬했다. 이를 통하여 무엇을 깨달아야 하는가? 천국의 상은 열매의 많고 적음이 아니라, 하나님께서 맡겨주신 일에 얼마나 충성했느냐에 의해서 결정된다는 것이다.

예수께서 "너는 장차 받을 고난을 두려워하지 말라 볼지어다 마귀가 장차 너희 가운데에서 몇 사람을 옥에 던져 시험을 받게 하리니 너희가 십 일 동안 환난을 받으리라"(계 2:10)고 하시면서, "네가 죽도록 충성하라 그리하면 내가 생명의 관을 네게 주리라"(계 2:10)고 말씀하신 것은 천국의 상이 충성에 의해 결정되기 때문이다.

눈에 보이는 것으로 천국의 상을 예단하므로 자만하거나 낙심하지 말고, 마지막 날 주님께서 각자에게 베푸실 상을 바라보며 주님께 죽도록 충성해야 한다. 그리고 이렇게 말해야 한다. "이와 같이 너희도 명령 받은 것을 다 행한 후에 이르기를 우리는 무익한 종이라 우리가 하여야 할 일을 한 것뿐이라 할지니라"(눅 17:10).

3. 자신과 싸워서 승리해야 천국의 상을 받을 수 있다

앞서 언급했듯이 누구든지 주님께 죽도록 충성하면 천국에서 큰 상을 받는다. 그러나 그렇게 하려면 무엇보다 자신과 싸워서 이겨야 한다. 자신과의 싸움이 외부의 적과의 싸움보다 훨씬 힘들다. 외부의 적은 눈에 보이므로 방어와 공격이 쉽지만, 내부의 적은 그렇지 않기 때문이다. 믿음의 사람들은 한결같이 자신과 싸워서 이겼고 주님께 죽도록 충성하였다. 어떻게 하면 자신과의 싸움에서 이길 수 있을까?

▪ 욕심을 물리쳐야 한다

욕심은 '어떠한 것을 정도에 지나치게 탐내거나 누리고자 하는 마음'이다. 사람은 누구나 타락한 아담의 후손이기에 정도의 차이가 있을 뿐 욕심을 갖고 있다. 그러나 욕심은 가만히 있지 않고 성장하기 때문에 자라는 것을 막아야 한다. 야고보는 욕심이 자라는 것을 막지 않으면 어떤 결과가 있을지를 경고한다. "오직 각 사람이 시험을 받는 것은 자기 욕심에 끌려 미혹됨이니 욕심이 잉태한즉 죄를 낳고 죄가 장성한즉 사망을 낳느니라"(약 1:14-15).

욕심이 자라지 못하도록 물리치지 않으면 결국은 죽음에 이르게 된다. 첫 사람 아담이 선악과를 먹고 죽음에 이르게 된 것은 마귀의 유혹을 받아 하나님과 같이 되려는 욕심이 들었을 때 이를 즉시 물리치지 않았기 때문이다. 초기 단계에서 즉시 물리치지 않으면 욕심을 제어할 수 없다.

성경의 인물 중에는 끝까지 믿음의 길을 걸어간 자들이 있는가 하면 중도에 하차한 자들이 있다. 이를 가른 것은 무엇인가? 여러 요소가 있지만 가장 중요한 것은 욕심이다. 욕심을 제어한 자는 주님께 끝까지 충성하였고, 그렇게 하지 않은 자는 중도에 배도의 길을 걸었다. 이런 현상은 과거에만 일어난 것이 아니라 지금도 일어나고 있고 앞으로도 계속해서 일어난다.

어떻게 하면 욕심과 싸움에서 이길 수 있을까? 바울의 권면에서 그 답을 찾을 수 있다. "이와 같이 너희도 너희 자신을 죄에 대하여는 죽은 자요 그리스도 예수 안에서 하나님께 대하여는 살아 있는 자로 여길지어다"(롬 6:11). '자신을 죄에 대해 죽은 자로 여기라'는 말이 무슨 의미인가? 이미 예수님과 함께 십자가에 못 박혀 죽었다는 것을 실제로 믿으라는 뜻이다. 이미 죽었다면 어떻게 욕심을 가질 수 있겠는가?

그러나 실제는 살아 있는데 죽은 자로 여기고 살아간다는 것은 말처럼 쉬운 것이 아니다. 그래서 예수께서 우리에게 그렇게 할 수 있는 방법을 알려주셨다. "… 아무든지 나를 따라오려거든 자기를 부인하고 날마다 제 십자가를 지고 나를 따를 것이니라"(눅 9:23). 날마다 자기를 부인하고 자기 십자가를 져야 한다. 어쩌다 한두 번 예수님과 함께 십자가에 못 박혀 죽었다고 생각하지 말고 날마다 그렇게 생각해야 한다.

어떻게 사도 바울이 욕심과의 싸움에서 승리하고 끝까지 주님께 충성할 수 있었는가? 그의 고백을 통해서 알 수 있다. "형제들아 내가 그리스도 예수 우리 주 안에서 가진 바 너희에 대한 나의 자랑을 두고 단언하노니 나는 날마다 죽노라"(고전 15:31). 우리가 장차 부활할 것을 믿고 날마다 그리스도와 함께 죽었다고 고백할 때 꿈틀거리는 육신의 소욕이 가라앉고 성령의 뜻을 좇으므로 주님께 충성하게 되는 것이다. "그리스도 예수의 사람들은 육체와 함께 그 정욕과 탐심을 십자가에 못 박았느니라"(갈 5:24).

■ **모든 일에 절제해야 한다**

새해 벽두에 파산한 사람과 크게 성공한 기업가가 함께 기자회견을 하였다. 기자가 먼저 파산한 사람에게 실패의 요인이 무엇인지를 물었다. 그러자 그는 이렇게 대답했다. "낭비였습니다. 사업이 한창 잘 될 때 돈을 종이처럼 썼죠." 다음은 성공한 기업가에게 성공한 요인이 무엇인지를 물었다. 그러자 그는 이렇게 대답했다. "절제였습니다. 사업이 한창 잘 될 때 종이를 금처럼 썼죠."

절제는 인생의 경주에서 실패하지 않고 성공하기 위해 반드시 갖추어야 할 덕목 중 하나다. 절제하지 않으면 방탕, 낭비, 탐욕의 삶을 살게 되어 타락하게 되고, 사회에 큰 해를 끼친다. 그러나 단지 이 세상에서 성공적인 삶을 살기 위해서만 절제가 필요한 것이 아니다. 오히려 신앙생활을 잘하고 장차 천국에서 상을 받기 위해서 더욱 필요하다.

주께서 이를 아시고 우리에게 절제할 수 있도록 마음을 주셨다. "하나님이 우리에게 주신 것은 두려워하는 마음이 아니요 오직 능력과 사랑과 절제하는 마음이니"(딤후 1:7).

바울도 이를 알므로 절제해야 한다고 권면한 것이다. "이기기를 다투는 자마다 모든 일에 절제하나니 그들은 썩을 승리자의 관을 얻고자 하되 우리는 썩지 아니할 것을 얻고자 하노라"(고전 9:25). 그리고 성령으로 절제의 열매를 맺어야 한다고 말한 것이다. "오직 성령의 열매는 사랑과 희락과 화평과 오래 참음과 자비와 양선과 충성과 온유와 절제니 이같은 것을 금지할 법이 없느니라"(갈 5:22-23).

범사에 절제하면 덕을 세우게 되고, 시험에 빠지지 않게 되며, 다른 사람을 시험에 들게 하지 않는다. 반면에 사소할지라도 절제하지 않으면 쉽사리 마귀의 유혹에 넘어가고 사탄의 희생물이 되며 인생의 파멸을 맞이하게 된다. 따라서 범사에 절제하되 특별히 탐욕을 절제하고(갈 5:24; 히 13:5), 감정을 절제하고(잠 16:32; 약 1:19-20), 언어를 절제해야 한다(잠 29:20; 약 3:1-12).

리차드 E. 버튼은 다음과 같은 아주 유명한 말을 남겼다. "절제는 황금 말굴레이다. 그것을 올바르게 사용할 수 있는 자는 인간보다 하나님을 더 많이 닮은 자이다. 그것은 짐승 같은 사람을 변화시켜 하나님을 닮은 자로 만든다."

이 세상뿐 아니라 천국에서 성공하기를 원한다면 둘 중 하나를 선택해야 한다. 절제함으로 인간보다 하나님을 더 많이 닮은 자가 될 것인지, 아니면 무절제로 존귀한 자이지만 짐승을 닮은 자가 될 것인지를 ….

■ **자신의 권리를 포기해야 한다**

사람은 누구나 자신의 권리를 누리려고 하지 포기하려 하지 않는다. 권리를 포기한 만큼 자유를 잃게 되고 불편해지기 때문이다. 누가 자발적으로 부자유와 불편함을 선택하겠는가? 따라서 권리를 포기하려면 먼저 자신과의 싸움에서 이겨야 한다. 그런데 바울은 그렇게 했다.

그가 그렇게 할 수 있었던 이유는 크게 두 가지다. 하나는, 복음에 아무 장애가 없게 하기 위해서다. "다른 이들도 너희에게 이런 권리를 가졌거든 하물며 우리일까보냐 그러나 우리가 이 권리를 쓰지 아니하고 범사에 참는 것은 그리스도의 복음에 아무 장애가 없게 하려 함이로다"(고전 9:12). 바울은 다른 사람들처럼 사역의 대가로 돈을 요구할 권리가 있었지만, 복음 전파에 지장을 받지 않기 위해서 사용하지 않았다.

다른 하나는 상을 받기 위해서다. "그런즉 내 상이 무엇이냐 내가 복음을 전할 때에 값없이 전하고 복음으로 말미암아 내게 있는 권리를 다 쓰지 아니하는 이것이로다"(고전 9:18). 본절의 상(미스도스)은 앞서 언급한 것과 같이 어떤 일에 대한 대가로 갚아주는 보상을 뜻한다. 바울은 장차 천국의 상을 바라보고 그의 권리를 사용하지 않았다.

그러면 바울이 복음을 전할 때 천국의 상을 바라보고 자신의 권리를 포기한 것을 어떻게 적용해야 하는가? 모든 목사와 선교사도 천국의 상을 받기 위해서 바울처럼 사례비를 받지 말고 자비량으로 사역해야 한다는 것인가? 그렇지 않고 각자 처한 상황에 따라 결정하면 된다. 사례비가 하나님께서 자신의 필요를 채우시는 것이라면 받고, 사례비를 받지 않아도 생활하는 데 어려움이 없다면 천국의 상을 받기 위해 이를 거절하면 된다.

바울은 텐트 메이커로 자비량 선교를 했지만, 감옥에 갇혔을 때나, 자비량 선교가 불가능한 상황에는 여러 교회로부터 헌금을 받았다. "내게는 모든 것이 있고 또 풍부한지라 에바브로디도 편에 너희가 준 것을 받으므로 내가 풍족하니 이는 받으실 만한 향기로운 제물이요 하나님을 기쁘시게 한 것이라"(빌 4:18).

필자는 전 세계에 다니며 복음을 전할 뿐 아니라 목회자와 선교사와 평신도사역자들을 훈련하고 있다. 특별히 해외에서 선교사들을 훈련할 때 종종 이렇게 말한다. "국내에서 D3양육 부흥회를 인도할 경우 미자립 교회는 대가 없이 섬기지만, 자립한 교회에서는 수백만 원을 받습니다. 그런데 비싼 항공료를 지불하고 이곳까지 와서 숙식과 간식과 훈련교재 등 일체의 비용을 받지 않고 섬기는 것은 천국에서 상을 받기 위해서입니다."

정말 천국의 상을 기대하는가? 그렇다면 먼저 자신의 욕심을 버리고, 절제하고, 권리를 포기해야 한다. 가장 큰 적은 외부에 있지 않고 내부에 있다. 내부의 적과 싸워 이긴 자라야 주님께 충성할 수 있고, 천국에서 크게 상을 받을 수 있다.

4. 상 주심을 확신하면 주의 재림을 준비해야 한다

예수께서 속히 오셔서 각 사람에게 상을 주시겠다고 말씀하셨다. "보라 내가 속히 오리니 내가 줄 상이 내게 있어 각 사람에게 그가 행한 대로 갚아 주리라"(계 22:12). 따라서 상 주심의 확신과 재림 신앙은 불가분의 관계다. 장차 천국에서 상 받을 것을 확신하면 주의 재림을 사모하고, 상 주심을 확신하지 않으면 주의 재림을 사모하지 않는다. 그런데 안타깝게도 상 주심을 확신해도 주의 재림에 관심을 두지 않는 자들이 부지기수다. 왜 이런 현상이 일어나는가?

- **재림 신앙이 추락하는 데는 나름대로 이유가 있다**

1903년 R.A. 하디(Robert Alexander Hardie)를 비롯한 선교사들을 중심으로 한 대각성운동으로 회개의 역사, 중생의 체험 등 성령의 역사가 원산 사경회로부터 시작하여 불길같이 일어났고, 1907년부터는 평양에서 시작된 부흥의 불꽃이 북한의 의주, 선천 등을 비롯하여 남한의 광주, 서울, 목포 등 전국적으로 확산되었다.

한국교회는 일제 36년 동안 혹독한 박해와 핍박 가운데서도 믿음을 지켰다. 그러나 해방의 기쁨도 잠시, 머지않아 남과 북으로 양분되었고 각각 전혀 다른 상황을 맞이하게 되었다. 북한은 기독교를 강도 높게 핍박했기 때문에 건물교회는 사라지고 가정교회로 대체되어 기독교 신앙의 명맥을 이어가고 있다.

반면에 남한은 종교의 자유가 보장되어 있기 때문에 다양한 방법으로 복음을 전할 수 있었고, 때마침 경제 부흥과 인구 증가와 맞물려 폭발적인 성장을 가져왔다. 그래서 한때 기독교인이 전체 인구의 25%에 해당하는 1,200만 명에 달하게 되었고, 세계 50대 교회 중 23개를 한국교회가 차지하였다. 그래서 세계 도처에서 한국교회의 성장 비결을 배우려고 몰려들었다.

그런데 오늘날 한국교회의 현실은 어떠한가? 성장이 멈췄고 점점 침체의 늪으로 빠져들고 있다. 반면에 이단들은 기존 교인들을 빼앗아가는 전략으로 교세를 크게 확장하고, 경매로 넘겨진 예배당을 사들이며 교회의 부흥을 저해하고 있다. 특별히 코로나19로 비대면 예배로 전환되자 더욱 침체의 늪으로 빠져들고 있다.

그러나 이보다 더 큰 문제는 교회가 사람들에게 관심의 대상이 아니라 비난의 대상의 되므로 점점 전도가 안 될 뿐 아니라 패배의식에 젖어 세계 복음화에 대한 전의를 상실했다는 것이다.

한국교회가 이렇게 급속도로 침몰하게 된 결정적인 이유는 무엇인가? 여러 가지 요인이 있지만 가장 결정적인 것은 시한부 종말론 사건이다. 다미선교회 이장림 목사는 1992년 10월 28일에 예수께서 공중에 재림하시므로 세계의 종말이 오는데 신앙생활을 잘하는 그리스도인들은 휴거, 즉 하늘로 들림을 받는다고 주장했다. 그러나 예수께서 재림하시지 않았다. 그러자 어떤 현상이 일어났는가? 설교단에서 재림에 관한 설교가 자취를 감추게 되었다. 이런 사실은 인터넷에서 소위 유명한 목회자들의 설교를 분석해보면 쉽게 알 수 있다. 대부분의 설교에서 재림에 관한 설교는 거의 찾아볼 수 없다.

그런데 강단에서 재림 설교를 하지 않으면 어떻게 되는지 아는가? 성도들이 주의 재림에 관심을 가지지 않기 때문에 세상에 소망을 두고 산다. 그리스도인이 천국이 아니라 세상에 소망을 두면 이 세상 사람과 조금도 다르게 살아갈 수 없다. 우리가 이 세상 사람들과 다르지 않은데 누가 우리를 보고 예수님을 믿겠는가?

시한부 종말론으로 잃어버린 상 주심의 확신과 재림 신앙을 회복해야 한다. 이를 회복하지 않은 채 아무리 예배를 열심히 드리고 기도를 해도 교회는 살아나지 않는다. 주께서 곧 다시 오셔서 상을 베푸실 것을 믿어야 천국에 대한 소망을 가짐으로 세상 사람과 다른 삶을 살기 때문에 전도가 되고 교회가 되살아나는 것이다.

- **임박한 주의 재림을 준비해야 한다**

앞서 언급한 대로 상 주심의 확신과 재림 신앙은 떼려야 뗄 수 없다. 따라서 주께서 마지막 날 상 주실 것을 확신한다면 주의 재림을 준비해야 한다. 그런데 주의 재림을 준비하려면 마지막 때의 징조를 자세히 알아야 한다. 예수께서는 주의 제자들이 주의 임하심과 세상 끝에는 무슨 징조가 있겠습니까?라고 묻자, 이를 구체적으로 가르쳐주셨다(마 24:3-14).

첫째로, 거짓 그리스도들과 거짓 선지자들의 미혹이 있다(마 24:4-5,11,24). 사탄은 하나님을 대적하기 위해서 거짓 선지자를 앞세워 진리를 왜곡한다. 천사가 타락한 이후 거짓 선지자를 통해서 계속 공격하는데, 마지막 때는 예수께서 그리스도이심을 부인하기 위해 거짓 선지자들의 미혹이 정점에 달하게 된다. 기독교 이단의 활동이 갈수록 극성스러운 것은 바로 이 때문이다. 따라서 기독교 이단들이 활개를 치고 득세하는 것을 통해서 주의 재림이 심히 가까이 와 있음을 알아야 한다.

둘째로, 전쟁과 기근과 지진이 일어난다(마 24:6-7). 유사 이래 전쟁과 기근과 지진은 계속 있었다. 그런데 왜 예수께서 이런 현상이 일어나면 마지막 때가 가까이 온 징조로 알라고 하셨는가? 과거에는 이런 일들이 국부적으로 일어났지만, 마지막 때는 지구촌 곳곳에서 자주 발생하기 때문이다.

해를 거듭할수록 국가 간 영토 분쟁과 경제적인 이유로 전쟁 발발 위험도가 높아가고 있다. 또 현재 전 세계인구 78억 명 중에서 9분의 1이 기아 상태에 있고, 2050년에는 그보다 훨씬 많이 증가할 것으로 예측하고 있다. 또 지구온난화로 침식되는 도시가 급증하고 있고 지진이 빈번하게 발생하고 있다. 따라서 주의 재림이 임박해 있음을 알아야 한다.

셋째로, 예수의 이름 때문에 환난을 당하고 모든 민족에게 미움을 받게 된다(마 24:9). 기독교는 한마디로 피 흘림의 역사다. 예수를 믿는다는 이유 하나만으로 수많은 사람이 핍박을 받거나 순교의 제물이 되었다. 그런데 마지막 때는 환난과 핍박을 당하는 일들이 전 세계에서 이루어진다. 사도 요한은 짐승의 우상에게 숭배하게 하고 짐승의 표를 받도록 강요할 때 이를 거절하는 자는 다 죽임을 당한다고 말한다(계 13:11-18).

코로나19로 국민의 생명이 위협을 받자 정부가 집합금지 명령을 내려서 대면 예배를 드리지 못하도록 통제하듯이, 앞으로 세계정부가 만들어지면 세계적인 건강 비상사태에 대처한다는 미명으로 신앙의 자유를 억압하는 과정에서 그리스도인은 큰 환난과 핍박을 피할 수 없게 될 것이다. 코로나19는 주의 재림이 코앞에 와있음을 알리는 경고등임을 깨달아야 한다.

넷째로, 많은 사람의 사랑이 식어지고 서로 미워하게 된다(마 24:10,12). 세상이 무법 천지가 되어 사람의 마음에 사랑이 식어지고 서로 배신하고 미워하는 일이 발생한다. 그런데 누구와의 사이에서 이런 일이 발생하는가? 신자와 비신자 사이에서 일어나는 것이 아니라 신자 사이에서 일어난다. 왜 그런가? 예수 그리스도로 인하여 세상 법정에 넘겨져 사형당할 위기에서 이를 면하기 위해 밀고하거나 배교하는 일이 발생하기 때문이다.

사실 배교는 기독교 역사 속에 계속해서 있었다. 우리나라도 일제 강점기 때 목회자들이 수없이 배교를 했다. 1938년 9월 9일 조선예수교장로회 총회는 신사참배를 국민의례로 규정하고 이를 힘써 지키기로 결의하지 않았는가? 지금도 교회가 사욕으로 세상 법정에서 다투는 일이 비일비재한데 장차 환난 시대를 맞이하면 서로 살아남기 위해 어떻게 할지는 명약관화하다.

다섯째로, 온 세상에 복음이 전파되어야 한다(마 24:14). 예수께서 "이 천국 복음이 모든 민족에게 증언되기 위하여 온 세상에 전파되리니 그제야 끝이 오리라"(14절)고 하신 대로 세상의 종말과 복음 증거는 밀접한 관계에 있다. 땅끝까지 복음이 증거되지 않으면 예수께서 재림하시지 않고 세상의 종말 역시 오지 않는다.

그런데 땅끝까지 복음이 증거되려면 먼저 모든 민족의 언어로 성경이 번역되어야 한다. 따라서 성경 번역이 어느 정도로 이루어졌는지를 보면 주의 재림 시기를 가늠해 볼 수 있다. 성경번역선교회(GBT)의 홈페이지에 따르면 2019년 11월 기준, 전 세계 7,353개의 언어 가운데 성경전서는 698개의 언어로, 신약전서와 구약 일부는 1,548개의 언어로, 신약의 일부는 1,138개의 언어로 번역되었으며, 전 세계에 존재하는 언어 가운데 성서의 일부라도 번역되지 않은 언어가 절반이나 된다고 밝혔다. 따라서 성경 번역으로만 보면 주의 재림은 아직 먼 미래의 일처럼 보인다.

그러나 모든 민족에게 복음이 전파되어야 한다는 말은 반드시 세계의 모든 언어로 번역되어야 한다는 것을 뜻하지 않는다. 왜냐하면 각 부족의 언어가 아니더라도 국가의 공용어로 의사소통이 가능하기 때문이다. 선교신학자와 성경신학자들은 아직도 미전도종족이 있지만, 복음이 거의 모든 민족에게 전해진 것으로 본다.

성경 번역 선교사들이 계속 번역하고 있을 뿐 아니라 선교사들이 지구촌 곳곳에 들어가서 복음을 전하고 있기 때문에 현재 성경이 번역된 언어의 숫자만 보고서 주님의 재림이 멀었다고 단정해서는 안 된다.

참고로 다니엘서를 보면 주의 재림이 얼마나 임박했는지를 실감할 수 있다. "다니엘아 마지막 때까지 이 말을 간수하고 이 글을 봉함하라 많은 사람이 빨리 왕래하며 지식이 더하리라"(단 12:4). 다니엘은 주의 재림 징조를 두 가지, 즉 '빠른 왕래'와 '지식의 증가'라고 말한다. 그런데 우리가 바로 이런 시대에 살고 있지 아니한가? 항공기술의 발달은 빠른 왕래를 가능하게 하였고, 인터넷의 발달은 놀라울 정도로 지식의 증가를 가져왔다.

따라서 주의 재림을 준비해야 한다. 구체적으로 어떻게 준비해야 하는가? 지금까지 그리스도의 재림을 준비하자고 주장한 자들이 주로 강조한 것은 깨어 있어야 한다는 것이다. 당연히 주의 재림을 준비하려면 깨어 기도해야 한다. 예수께서도 주님께서 언제 오실지 모르기 때문에 깨어 있으라고 말씀하셨다. "그러므로 너희도 준비하고 있으라 생각하지 않은 때에 인자가 오리라"(마 24:44, 참조 벧전 4:7).

그러나 기도만 하고 있으면 안 된다. 한 영혼이라도 더 구원하기 위해서는 복음을 효과적으로 전해야 한다. 어떻게 하면 복음을 효과적으로 전할 수 있는가? 예수께서 가르쳐 주신 대로 하면 된다.

예수께서는 제자들이 효과적으로 복음을 전하도록 세 가지 사역, 즉 가르치고, 전파하고, 치유하도록 훈련하셨다. 즉 다른 사람을 가르쳐서 함께 전도하고, 또 말로만 전도하지 않고 치유로 하나님의 능력을 보여주어 전도하게 하셨다.

초대교회도 예수께서 하신 방법대로 세 가지 사역을 훈련하여 복음을 전하도록 훈련했다(행 5:42). 바울도 다메섹 도상에서 주님을 만난 후 주의 제자들과 함께 며칠 있을새 초대교회의 방법으로 제자훈련을 받아 복음을 전했고(행 9:19-22), 제자인 디모데에게도 제자훈련으로 복음을 전하라고 권했다. "또 네가 많은 증인 앞에서 내게 들은 바를 충성된 사람들에게 부탁하라 그들이 또 다른 사람들을 가르칠 수 있으리라"(딤후 2:2).

정말 주님께서 상을 주시기 위해서 곧 다시 오신다는 것을 믿고 있는가? 그렇다면 한 사람이라도 복음을 듣지 못해 지옥에 가는 일이 없도록 가장 빠른 전도법인 제자훈련으로 복음을 전해야 한다. "그러므로 너희는 가서 모든 민족을 제자로 삼아 아버지와 아들과 성령의 이름으로 세례를 베풀고 내가 너희에게 분부한 모든 것을 가르쳐 지키게 하라 볼지어다 내가 세상 끝날까지 너희와 항상 함께 있으리라 하시니라"(마 28:19-20).

5. 무엇을 인생의 최종 목표로 삼고 달려가는가?

욕구단계설로 저명한 미국의 심리학자 아브라함 매슬로우 (Abraham Maslow)가 욕구 5단계 중 4단계에서 사람은 누구나 칭찬을 받고 싶어 하는 욕구를 갖고 있다고 주장하듯이, 사람들이 목표를 성취하기 위하여 몸부림치는 것은 성공을 통하여 칭찬을 받으려는 욕구에서 비롯된 것이다. 그러나 그리스도인은 칭찬 받고자 하는 목표가 세상 사람들과 전혀 달라야 한다. 즉 이 세상의 성공으로 칭찬을 받는 것을 인생의 목표로 삼지 말고, 천국에서 크게 상을 받는 것을 인생의 목표로 삼아야 한다.

▪ 세상의 성공이냐, 천국의 상이냐

상에는 이 세상에서 받는 상과 천국에서 받는 상이 있는데 전자는 성공이라고 부르고, 후자는 면류관이라고 부른다. 이 세상에서 받는 상이든 천국에서 받는 면류관이든 수상자에게는 큰 기쁨과 영광이 아닐 수 없다. 그러나 이 세상의 상과 천국의 상은 서로 비교할 수 없다.

왜 그런가? 이 세상에서는 성공을 크게 거두어도 잠시뿐이지만 천국의 면류관은 영원하기 때문이다. "이 세상도, 그 정욕도 지나가되 오직 하나님의 뜻을 행하는 자는 영원히 거하느니라"(요일 2:17). 이 세상의 상은 자신보다 앞지르는 자가 언제 나와서 빼앗길지도 모르고, 이를 영원히 기억해 주는 사람도 없지만, 천국의 상은 한

번 결정되면 누구도 우열이나 서열을 바꿀 수 없고 영원하다.

그런데 안타까운 것은 사람들이 이런 사실을 다 알고 있지만 실제로 천국의 상을 인생의 목표로 삼고 살아가는 자들은 찾아보기 힘들다. 왜 이런 현상이 빚어질까? 아직 천국의 영광을 맛보지 못했기 때문이다. 진짜 천국의 영광을 경험하면 이 세상의 그 어떤 것과도 바꾸지 않는다. 밭에 감추인 보화의 비유를 통해서 확인할 수 있다. "천국은 마치 밭에 감추인 보화와 같으니 사람이 이를 발견한 후 숨겨 두고 기뻐하며 돌아가서 자기의 소유를 다 팔아 그 밭을 사느니라"(마 13:44).

히브리서 11장에는 믿음의 선배들이 무엇을 인생의 목표로 삼고 살았는지를 알려준다. 아브라함, 이삭, 야곱, 모세, 기생 라합, 기드온, 바락, 삼손, 입다, 다윗, 사무엘, 무명의 사람들은 한결같이 이 세상의 성공을 목표로 삼지 않고 오직 천국의 상을 인생의 목표로 삼았다.

사람이 어떤 목표를 향하여 달려가고 있는지를 보면 그 사람의 영적 상태를 알 수 있다. 이 세상의 성공을 얻기 위하여 달려가는 자는 육신에 속한 자고, 천국에서의 상을 얻기 위해 달려가는 자는 영에 속한 자다. 믿음의 선배들은 한결같이 이 세상의 일시적인 성공이 아니라 천국의 영원한 성공을 목표로 삼고 달려갔기 때문에 영에 속한 자다.

한동안 일이십 대의 이슬람권 젊은이들이 자폭테러를 자행함으로 국제사회에 큰 두려움이 된 적이 있다. 앞이 창창한 청

소년들이 하나밖에 없는 목숨을 초개와 같이 버린 이유는 무엇일까? 여러 가지가 있지만 가장 큰 것은 목숨을 버리면 금세와 내세에 큰 상을 받는다고 확신하였기 때문이다.

우리의 인생은 이 세상의 삶으로 끝나지 않고 천국에서 영원히 지속된다. 이 사실을 정말 믿는다면 세상에서 잠시 누릴 부귀와 영화가 아니라, 하늘에서 영원히 누릴 영광을 위해 살아야 한다. 무엇을 바라보며 살아가고 있는가? 이 세상의 일시적인 상인가? 천국의 영원한 상인가?

"믿음으로 모세는 장성하여 바로의 공주의 아들이라 칭함 받기를 거절하고 도리어 하나님의 백성과 함께 고난 받기를 잠시 죄악의 낙을 누리는 것보다 더 좋아하고 그리스도를 위하여 받는 수모를 애굽의 모든 보화보다 더 큰 재물로 여겼으니 이는 상 주심을 바라봄이라"(히 11:24-26).

■ 천국에서 영원히 왕 노릇할 것을 꿈꿔야 한다

이 세상의 상은 일시적으로 영광을 누리지만 천국의 상은 영원히 영광을 누리므로 이 세상의 상이 아니라 천국의 상을 얻기 위해 목숨을 걸어야 한다. 특별히 천국에서 가장 영광스러운 상을 받겠다고 결심하고 이를 인생의 최종 목표로 삼아야 한다.

하루는 베드로가 예수님께 다음과 같이 여쭈었다. "… 보소서 우리가 모든 것을 버리고 주를 따랐사온대 그런즉 우리가 무엇을 얻으리이까"(마 19:27). 이에 예수께서 다음과 같이 말씀하셨다. "… 내가 진실로 너희에게 이르노니 세상이 새롭게 되어 인자가 자기 영광의 보좌에 앉을 때에 나를 따르는 너희도 열두 보좌에 앉아 이스라엘 열두 지파를 심판하리라"(마 19:28).

그런데 '너희도 열두 보좌에 앉아 이스라엘 열두 지파를 심판하리라'는 말이 무슨 의미일까? '이스라엘 열두 지파'가 육적인 이스라엘을 가리키느냐, 아니면 구원받은 성도를 가리키느냐에 대해서는 이견이 있다. 그런데 예수께서 영광의 보좌에 앉아 이스라엘 열두 지파를 심판하실 때는 백보좌 심판을 의미하기 때문에, 주님과 함께 제자들이 심판의 자리에 앉아 이스라엘 열두 지파를 심판한다는 것은 심판자의 영광을 얻게 된다는 뜻이다(계 20:11-13; 고후 5:10).

예수께서 이렇게 대답하신 것을 통하여 무엇을 깨달아야 하는가? 그리스도를 위하여 죽도록 충성하면 장차 천국에서 심판자의 자리에 앉게 된다는 것이다. 그런데 심판자의 자리에 앉는다는 것은 단지 재판석에 앉는다는 뜻이 아니라 영원히 왕 노릇하게 된다는 것을 뜻한다. 사도 요한도 장차 우리가 천국에서 왕 노릇할 것을 증거한다. "다시 밤이 없겠고 등불과 햇빛이 쓸 데 없으니 이는 주 하나님이 그들에게 비치심이라 그들이 세세토록 왕 노릇 하리로다"(계 22:5, 참조 계 20:6).

장차 천국에서 영원히 왕 노릇을 하는 것보다 우리에게 더 큰 영광은 없다. 따라서 이왕 천국의 상을 얻으려고 한다면 영원히 왕 노릇하는 것을 최종 목표로 삼아야 한다. 그런데 우리의 눈에 천국이 보이지 않기 때문에 그곳에서 영원히 왕 노릇을 하게 된다는 말이 그리 마음에 와닿지 않을 수 있다.

그래서 필자가 D3제자훈련세미나와 D3양육부흥회의 마지막 시간에 장차 천국에서 왕 노릇할 것을 인생의 최종 목표로 삼을 수 있게 결단하도록 돕기 위하여 만든 예화가 있다.

"국가가 이루어지려면 국토, 국민, 주권의 세 요소가 있듯이, 천국도 나라이므로 세 가지 요소가 있어야 한다고 생각합니다. 그런데 우리는 땅에 가장 관심이 많기 때문에 천국에서 왕 노릇을 할 경우 통치할 나라의 크기가 얼마나 될지를 생각해 보겠습니다.

이 우주에는 은하계가 약 2,000억-3,000억 개나 있습니다. 그런데 한 은하계 안에 별이 몇 개가 있는지 아십니까? 약 2,000억-3,000억 개가 있습니다. 따라서 이 우주 안에는 적어도 별이 2,000억 × 2,000억 개에서 많게는 3,000억 × 3,000억 개가 있습니다.

그런데 지구는 이토록 많은 별 가운데 하나인데 크기로 볼 때는 중간 정도에 해당합니다. 따라서 이 우주에는 지구의 크기와 같은 별이 적게는 2,000억 × 2,000억 개에서 많게는 3,000억 × 3,000억 개나 됩니다.

그런데 하나님께서 이렇게 많은 별을 말씀 한마디로 만드셨습니다. 따라서 하나님께서 거하시는 나라는 이루 상상을 할 수 없이 큽니다. 한마디로 우리가 영원히 거할 천국은 무한대입니다. 그런데 하나님께서 주님께 죽도록 충성한 자에게 영원히 왕 노릇을 하게 하신다면 어느 정도의 나라를 주시겠습니까? 아무리 적어도 지구만한 것은 주시지 않겠습니까?

더군다나 천국에서 왕 노릇을 하는데 임기의 제한이 없습니다. 세세토록 합니다. 현재 세계에서 가장 강한 나라가 미국입니다. 그 나라 대통령이 되는 것이 얼마나 힘듭니까? 상대방을 이겨야 그 자리에 오르기 때문에 피 튀기는 싸움을 해야 합니다. 그런데 상대방을 쓰러뜨리고 대통령에 당선되어도 임기가 고작 4년에 불과합니다. 그리고 중임에 성공하면 8년까지 할 수 있습니다. 그러나 우리가 미국 대통령이 되기 위해서 수고하는 것의 절반만 해도 천국에서 영원히 왕 노릇할 수 있습니다."

사람은 누구나 한번은 죽는다. 병으로 죽든지, 사고로 죽든지, 수를 다 누리고 죽든지 죽어야 한다. 세상에 올 때는 순서가 있지만 떠날 때는 순서가 없다. 따라서 우리가 언제 죽을지 모르기 때문에 죽음을 준비해야 한다.

당신은 어떻게 최후를 맞이하고 싶은가? 결코 병사나 사고사나 자연사를 선택하지는 않을 것이다. 그러나 선택해야 할 죽음이 있다. 그것은 바로 복음을 위하여 기꺼이 목숨을 버리는 것이다. 즉 순교는 당신의 선택으로만 가능하다.

그러나 순교에는 피 흘려 죽는 적색 순교만 있는 것이 아니라 삶의 순교인 백색 순교도 있다(이에 대해서는 필자의 저서인 〈색깔 순교〉 참조). 그런데 적색 순교는 특별한 시대나 특별한 상황에서만 가능하다. 지금은 우리가 복음을 전한다고 해서 죽임을 당하지 않는다.

그런데 장소와 시대를 불문하고 모든 그리스도인이 순교하는 방법이 있다. 그것은 삶 속에서 날마다 자신을 부인하고 자기 십자가를 지고 주님을 따르는 것이다. 즉 백색 순교를 하는 것이다. 백색 순교를 해야 환난의 때에 적색 순교도 할 수 있다.

"다시 밤이 없겠고 등불과 햇빛이 쓸 데 없으니 이는 주 하나님이 그들에게 비치심이라 그들이 세세토록 왕 노릇 하리로다"(계 22:5).

에필로그

환난에도 믿음으로 세상을 이기는 사람을 만나고 싶다

본서는 몇 해 전부터 집필을 시작했지만, 우선순위에 밀려서 수년 동안 중단된 상태에 있었다. 2019년 12월, 〈그들은 어떻게 전도했는가〉를 출간한 후 다시 집필을 이어가려고 했지만 그마저도 이미 잡혀 있던 국내외 사역 일정을 소화하느라 거의 손을 대지 못하고 있었다.

그런데 드디어 본격적으로 집필을 할 수 있는 절호의 기회가 찾아왔다. 엄밀히 말해 하나님께서 그렇게 할 수 있도록 기회를 주셨다. 2019년 12월 중국 후베이성 우한시로부터 촉발된 '코로나19'가 전 세계로 급속히 퍼지면서 2020년 한 해 동안 잡혀 있던 국내외 D3제자훈련세미나 일정을 모두 취소할 수밖에 없었고, 국내에서만 사역함으로 집필할 시간을 확보한 것이다.

독자들이 이미 읽어서 알고 있듯이 본서는 어떻게 해야 믿음의 항상성을 유지하여 장차 환난의 시대에도 승리할 수 있는지를 이야기한다. 코로나19는 환난의 시작에 불과하다. 환난이 본격화되어도 세상을 이기는 길은 말씀에 순종하는 믿음으로 살아가는 것이다(요일 5:4). 성경 곳곳에서 믿음에 굳게 설 것을 주문하는 이유는 바로 이 때문이다(고전 16:13; 골 2:7; 히 4:14). 본서가 8가지 확신을 이야기하지만 결국은 믿음을 굳게 해야 모든 환난과 시험을 이기고 승리할 수 있다는 사실을 말한다.

그런데 환난 중에도 8확신으로 승리하는 삶을 살기 위해서는 이보다 먼저 해야 할 것이 있다. 히스기야처럼 기도해야 한다. "내가 주 앞에서 진실과 전심으로 행하며 주의 목전에서 선하게 행한 것을 기억하옵소서 하고 히스기야가 심히 통곡하니"(사 38:3). 그가 심히 통곡했다는 것은 철저히 회개하며 간절히 부르짖어 기도했다는 것이다. 이런 기도 없이는 8확신으로 살 수도 없고 환난을 이길 수도 없다. 집필할 때마다 항상 느끼는 것이지만, 필자는 원래 글을 잘 쓰는 재주가 없어 본서가 나오기까지도 얼마나 좌절의 강을 오갔는지 모른다. 말을 꾸밀 줄도 모르고 어휘력도 모자라서 마음에 있는 바를 그대로 옮기지도 못했다.

그러함에도 불구하고 필자가 본서를 출간한 데는 나름대로 이유가 있다. 성령께서 그렇게 하도록 이끄셨기 때문이다. 그리고 또 본서로 말미암아 한 사람이라도 환난 중에 믿음으로 세상을 이기는 자가 나오기를 간절히 바라기 때문이다. 그 한 사람이 다른 사람에게 영향을 미치고, 또 그가 다른 사람에게 영향을 미치리라.

추천의 글을 흔쾌히 써주신 도원욱 목사님(한성교회)과 박양우 장관님(문화체육관광부), 본서의 출간을 기획하고 조언을 아끼지 아니한 이카림 원장님(D3평신도훈련원)과 편집으로 섬겨준 정혜지 편집자님(생각의힘), 표지 그림으로 섬겨준 김정애 선교사님

(루마니아), 디자인으로 섬겨준 이진아 사모님, 교정으로 섬겨준 서지태 선교사님(러시아)과 김기호 선교사님(키르키즈스탄), 본서의 출판비를 후원해 준 김정현 장로님께 감사를 드린다.

    곧 본격적으로 불어닥칠 환난의 시대에 믿음으로 승리하기를 소원하는 모든 그리스도인에게 조금이나마 도움이 되었으면 하는 마음이 간절하다.

환난에도 믿음으로 승리하도록 리딩한다
8확신으로 이겼다

1판 1쇄 펴냄 | 2020. 11. 4

지 은 이 | 안창천
발 행 인 | D3평신도사역연구소
디 자 인 | 이진아
표지그림 | 김정애
기   획 | 이카림
편   집 | 정혜지
교   정 | 서지태 · 김기호
인   쇄 | 신도인쇄(주)
등록번호 | 2007. 4. 16. 제 313-2007-96호
주   소 | 서울시 마포구 독막로 18길 31(3F)
주문전화 | 02-333-0091
전자우편 | pacc9191@daum.net
홈페이지 | www.d3.or.kr

ⓒ 저자와의 협약아래 인지는 생략되어 있습니다.
이 출판물은 저작권법에 따라 무단 복제를 할 수 없습니다.

책값은 뒤표지에 있습니다.
ISBN 978-89-93476-49-1(03230)

도서출판 우리하나는 'D3전도중심제자훈련'을 적극 후원합니다.

이 도서의 국립중앙도서관 출판예정도서목록(CIP)은 서지정보유통지원시스템 홈페이지 (http://seoji.nl.go.kr)와 국가자료종합목록 구축시스템(http://kolis-net.nl.go.kr)에서 이용하실 수 있습니다. (CIP제어번호 : CIP2020042926)